Desire ¦ Meanmarc

Do Adriano Bebiano, Isabel Caldeira, João Paulo Moreira, Manuel Portela, Maria Irene Ramalho de Sousa Santos, Maria José Canelo

Celia de Fréine

Desire ¦ Meanmarc

a two act play ¦ dráma dhá ghníomh

ARLEN HOUSE

Desire ¦ Meanmarc

is published in 2012 by/Foilsithe i 2012 ag
Arlen House
42 Grange Abbey Road
Baldoyle
Dublin 13
Ireland
Fón/Facs: 00 353 86 8207617
Ríomhphost: arlenhouse@gmail.com
arlenhouse.blogspot.com

International distribution/Dáileoirí idirnáisiúnta
Syracuse University Press
621 Skytop Road, Suite 110
Syracuse, NY 13244–5290
Fón: 315–443–5534/Facs: 315–443–5545
Ríomhphost: supress@syr.edu
www.syracuseuniversitypress.syr.edu

ISBN 978–1–85132–057–8, hardback/crua
978–1–85132–058–5, paperback/bog, 2013

Clóchur ¦ Arlen House
Priontáil ¦ Brunswick Press
'Palio Man and Goose' ¦ Poppy Melia
1994, Gouache on hand made paper, 1070mm x 710mm
www.poppymelia.com

Tá Arlen House buíoch de
Chlár na Leabhar Gaeilge
agus d'Fhoras na Gaeilge

Foras na Gaeilge

Contents ¦ Clár

FOREWORD

Brian Merriman wrote *The Midnight Court* in or around 1780. This play imagines the time in his life immediately before he laid pen to paper. In it we meet characters from his local neighbourhood, and it is given to understand that it is the neighbourhood, its people and their deeds, that inspire the poet to undertake this unique work.

Meanmarc was written in 2009. It was revised and translated into English in 2012 as Part I of the *Lorg Merriman* project.

Réamhrá

Thart ar an mbliain 1780 scríobh Brian Merriman *Cúirt an Mheán Oíche*. Is éard atá sa dráma seo ná samhail den am sin ina shaol díreach sular leag sé peann ar pár. Castar muintir a cheantair dhúchais orainn ann agus tugtar le fios gurb é an ceantar, a dhaoine agus a ngníomhartha siúd a spreagann an file chun tabhairt faoin saothar uathúil seo.

Scríobhadh *Meanmarc* i 2009. Athchóiriódh agus aistríodh go Béarla é i 2012 mar Chuid I den tionscadal *Lorg Merriman*.

Desire ¦ Meanmarc

Characters

Brian	teacher, musician, farmer, poet, starting to grey, lame (after the accident), 35 years
Éabha	noblewoman, elegant, attractive, otherworldly, 30 years
Úna	wise woman, tall, strident, 40 years
Tadhg	boatman, sturdy, confident, 45 years
Nóra	cook, buxom, pushy, in the early stages of pregnancy, 25 years
Dáithí	priest, fairskinned, lacking backbone, 30 years
Páid	farmhand, stooped, superstitious, lecherous, 50 years
Townspeople	

The Set

The set consists of an open space suited to the scenes set on the plain. The gate to the Big House is upstage, centre. A hedge/cave mouth downstage right, suggests the entrance to where Úna lives. A bed, chair, table, cupboard in which there are kitchen utensils and a couple of books can be brought in downstage left to suggest Brian's house. The bank of the lake is downstage centre, looking out in the direction of the audience.

Pearsana

Brian	múinteoir, ceoltóir, feirmeoir, file, ag éirí liath, bacach (tar éis na timpiste), 35 bliain
Éabha	bean uasal, ghalánta, tharraingteach, neamhshaolta, 30 bliain
Úna	bean feasa, ard, éifeachtach, 40 bliain
Tadhg	bádóir, broganta, dána, 45 bliain
Nóra	cócaire, bloiscíneach, tréipéiseach, ag iompar clainne le cúpla mí anuas, 25 bliain
Dáithí	sagart, gealchraicneach, gan cnámh droma, 30 bliain
Páid	oibrí feirme, cromtha, piseogach, drúisiúil, 50 bliain

Muintir an Bhaile

An Seit

Spás oscailte, a d'oirfeadh do na radhairc atá suite ar an machaire, atá sa seit. Sa lár, i gcúl an stáitse, tá geata gháirdín an Tí Mhóir. Ar dheis, chun tosaigh, tá sceach/béal pluaise le háit chónaithe Úna a chur in iúl. Is féidir leaba, cathaoir, bord, cófra ina bhfuil uirlisí cistine agus cúpla leabhar, a thabhairt isteach chun tosaigh ar chlé le teach Bhriain a chur in iúl. Chun tosaigh, sa lár, ag breathnú amach i dtreo an lucht féachana, tá bruach an locha.

Act One

Scene One

The Plain

Evening

A wedding party at which THE TOWNSPEOPLE are present, dancing, eating and drinking. The bride is an old enough woman, the groom a young lad. BRIAN is sitting on a stool, playing a fiddle. During this scene drinks are bestowed on him as payment.

NÓRA: Who'd have thought it? Not me, to be sure.

ÚNA: Isn't it a wonderful match, all the same?

NÓRA: I don't understand it at all, at all, Úna.

ÚNA: What's there to understand, Nóra?

NÓRA: Herself, such a morose lump of a woman! How was it she managed to get her claws into the likes of him?

ÚNA: Ara, musha, sure, maybe it's in love with her he is.

NÓRA: 'Tis joking you are! With neither joy nor fulfillment to be found in her, I'll wager! *(Pause).* I'll tell you one thing: 'tis her bit of land he has his eye on. A small miserable perch by the edge of the lake. It damp and wet half of the year.

ÚNA: Yourself that said it. Without any bit of good in it. Proof that I'm right, after all. That it's in love with her he is.

NÓRA: And she that stubborn and verbose.

Gníomh a hAon

Radharc a hAon

An Machaire

Tráthnóna

Cóisir bhainise. MUINTIR AN BHAILE i láthair: iad ag rince, ag ithe is ag ól. Bean sách sean í an bhrídeach, leaid óg an grúm. BRIAN ina shuí ar stól, fidil á seinm aige. Le linn an radhairc seo bronntar deochanna air mar íocaíocht.

NÓRA: Cé a chreidfeadh é? Ní mise, le bheith cinnte dearfa.

ÚNA: Nach iontach an cleamhnas é, mar sin féin!

NÓRA: Ní thuigim in aon chor é, a Úna.

ÚNA: Cad tá le tuiscint, a Nóra?

NÓRA: Ise, an smíste duairc sin de mhnaoi! Conas ar éirigh léise lán a crúibín a fháil dá leithéid?

ÚNA: Dhera, muise, b'fhéidir gur i ngrá léi atá sé.

NÓRA: 'Magadh atá tú! Gan sult ná sásamh inti, cuirfidh mé geall! (*Sos*). Déarfaidh mé rud amháin leat: is ar a píosa san talún atá a shúil caite aige. Péirse bheag shuarach taobh leis an loch. Í fliuch tais ar feadh leath na bliana.

ÚNA: Tú féin a dúirt é. Gan maitheas ar bith ann. Cruthúnas go bhfuil an ceart agam. Gur i ngrá léi atá sé.

NÓRA: Agus í chomh stuacach foclach san.

ÚNA: You will get a man, Nóra. That, I promise you.

NÓRA: 'Tis only saying that you are.

ÚNA: You'll be the next girl in this parish to be wed, Nóra Rua.

NÓRA: Who'll I marry? Úna, who is it? Please, say it out.

THE PRIEST claps his hands. The dancing stops. The couple present themselves to THE PRIEST who blesses them.

THE PRIEST: Let us give thanks for this beautiful day. And for the food and drink that have been laid before us on the occasion of the wedding of Micheál and Áine. I wish all good fortune on the pair of ye, and on the children that will be born to ye and on the progeny of their progeny! *In nomine Patris, et Filii, et Spiritus Sancti. Amen.*

The music and dancing begin again.

NÓRA: Progeny of their progeny! That ancient cow with her shrunken womb and her shrivelled breasts that wouldn't yield a drop were her life to depend on it. 'Tis well drunk the priest must be.

ÚNA: Isn't that how he does always be: blathering and boasting?

NÓRA: How would you know that, you that never goes to mass?

ÚNA: Sure, what business would I have at mass?

NÓRA: *(Ironically).* Shame on you, Úna!

Enter ÉABHA, dressed in a fine light-coloured dress, carrying a basket in which there are books and gifts. She walks ghostlike through the crowd and presents the couple with the gifts.

NÓRA: I could love a learned man, were one to be sent me way: he good mannered and capable, with a bit of land, to be sure. A couple of acres would do. And ...

ÚNA: Gheobhaidh tusa fear, a Nóra. Geallaim é sin duit.

NÓRA: Níl ann ach go bhfuil tá á rá san.

ÚNA: Tusa an chéad chailín eile sa pharóiste seo a phósfaidh, a Nóra Rua.

NÓRA: Cé a phósfaidh mé? A Úna, cé hé féin? Le do thoil, abair amach é.

Buaileann AN SAGART *a bhosa. Stadann an rince. Tagann an lánúin i láthair* AN TSAGAIRT *a choisriceann iad.*

AN SAGART: Gabhaimid buíochas as an lá aoibhinn seo. Agus as an mbia agus as an deoch a leagadh os ár gcomhair ar ócáid bhainise Mhichíl agus Áine. Guím gach rath ar an mbeirt agaibh, agus ar na leanaí a shaolófar daoibh agus ar shliocht a sleachta! *In nomine Patris, et Filii, et Spiritus Sancti. Amen.*

Cuirtear tús leis an gceol agus leis an rince arís.

NÓRA: Sliocht a sleachta! 'Magadh atá sé! An tseanbhó san lena seanbhroinn agus a cíocha críona nach dtálfadh deoir fiú dá mbeadh sí ag brath orthu. Ní mór ná go bhfuil an sagart ólta amach is amach.

ÚNA: Nach mar san is gnách leis? É ag bladar is ag bladhmaireacht?

NÓRA: Conas a bheadh a fhios san agatsa, tusa nach dtéann chuig an aifreann ariamh?

ÚNA: Cén gnó a bheadh agamsa ar an aifreann?

NÓRA: *(Go híorónta).* Mo náire thú, a Úna!

*Isteach le h*ÉABHA, *í gléasta i ngúna breá a bhfuil dath éadrom air, ciseán ina bhfuil leabhair agus bronntanais ar iompar aici. Siúlann sí go síofrúil tríd an slua agus dáileann na bronntanais ar an lánúin.*

NÓRA: D'fhéadfainn grá a thabhairt d'fhear léannta, dá seolfaí duine acu im' threo, é béasach agus cumasach leis, le píosa talún, le bheith cinnte. Dhéanfadh cúpla acra cúis. Agus ...

ÚNA: There's more besides?

NÓRA: Between ourselves, 'tis well you know what I mean.

ÚNA: Tell me.

NÓRA: *(Whispering).* A man with vigour in his member.

ÚNA: Sure, aren't there enough men in the neighbourhood that can boast that very virtue.

NÓRA: 'Tis one man only I have eyes for. Brianeen. The dashing lad.

BRIAN puts down his fiddle and knocks back his drink. TADHG grabs hold of ÚNA and nuzzles her neck. NÓRA goes over to BRIAN.

NÓRA: Have you enough there, Brian?

BRIAN: What's that you're saying, woman?

NÓRA: I could get another little dropeen for you, if you like.

BRIAN: I have enough here.

NÓRA tries to sit on his knee. She falls down. ÉABHA approaches and glowers at NÓRA.

BRIAN: Éabha! I wasn't expecting to see you here today.

ÉABHA: Will you play a tune for me?

BRIAN takes hold of the fiddle but he has too much drunk at this stage.

ÉABHA: I'll see you tomorrow.

BRIAN: I'll play a tune for you tomorrow.

ÉABHA: Tomorrow you'll be tutoring my son.

BRIAN: When the lesson is finished. *(Pause).* What is it you're reading?

ÉABHA: Some poetry.

BRIAN: Who wrote it?

ÉABHA: 'Tis in French it's written.

ÚNA: Tá níos mó ná san uait?

NÓRA: Eadrainn féin, is maith is eol duit cad eile a bheadh ag teastáil.

ÚNA: Inis dom é!

NÓRA: *(I gcogar).* Fear a mbeadh brí ina ghéag aige.

ÚNA: Muise, nach bhfuil dóthain fear sa cheantar gur féidir leo maíomh as an mbua san?

NÓRA: Ar aon fhear amháin atá súil agamsa. Ar Bhriainín! An preabaire!

Leagann BRIAN anuas a fhidil agus caitheann sé siar a dheoch. Beireann TADHG greim ar ÚNA agus tosaíonn ag sróinínteacht ar a muineál. Anonn le NÓRA i dtreo BHRIAIN.

NÓRA: An bhfuil do dhóthain agat ansan, a Bhriain?

BRIAN: Cad tá á rá agat, a bhean?

NÓRA: D'fhéadfainn braon beag eile a fháil duit, dá m'áil leat é.

BRIAN: Tá mo dhóthain agam anso.

Déanann NÓRA iarracht suí ar a ghlúin. Titeann sí anuas. Anonn le hÉABHA chuige is caitheann drochshúil ar NÓRA.

BRIAN: A Éabha! Ní raibh súil agam go mbeifeása anso inniu.

ÉABHA: An seinnfidh tú port dom?

Beireann BRIAN ar an bhfidil ach tá an iomarca ólta aige faoin am seo.

ÉABHA: Feicfidh mé amárach tú.

BRIAN: Seinnfidh mé port duit amárach.

ÉABHA: Amárach beidh tú ag teagasc mo mhic.

BRIAN: Nuair a bheidh an ceacht críochnaithe. Cad tá á léamh agat?

ÉABHA: Píosa filíochta.

BRIAN: Cé a scríobh é?

ÉABHA: I bhFraincis atá sé scríofa.

BRIAN: Éabha, about the lessons ...

ÉABHA: The young lad is doing well. *A bientôt!*

ÉABHA moves off through the crowd. NÓRA imitates her walk.

NÓRA: Is it that the rest of us are not good enough for you? Perhaps it's among the nobility you'd prefer to spend your time?

BRIAN gives her a dismissive look. The dancing continues. After some time the bride heads off, dragging the groom after her. Applause from everyone. By degrees the crowd disperses until BRIAN is left on his own. He sees ÉABHA in the distance, walking towards the gate. The lights are lowered until all that's left are a spot on BRIAN and one on ÉABHA.

BRIAN: Éabha!

Exit ÉABHA, walking slowly. BRIAN tries to follow her, trips and hurts his foot. Éabha's spot is extinguished. A fog descends. Night noises are heard. BRIAN tries to stand but is unable to do so.

BRIAN: Éabha! Don't abandon me here on my own.

Enter TADHG in a hurry.

TADHG: In the name of God!

BRIAN: Tadhg, is that you? Where is it I am?

TADHG: Let's go home.

BRIAN: Where is it you have the boat?

TADHG: Here. 'Tis here it is.

BRIAN: Let's go home.

TADHG gives BRIAN a hand but he's unable to stand. TADHG carries him out. Blackout.

BRIAN: A Éabha, maidir leis na ceachtanna ...

ÉABHA: Tá ag éirí go geal leis an ngarsún. *A bientôt*!

Anonn le hÉABHA, í ag gluaiseacht léi tríd an slua. Déanann NÓRA aithris ar a cuid siúil.

NÓRA: An é nach bhfuil sinne sách maith duit? Nó arbh fhearr leat do chuid ama a chaitheamh i measc na n-uaisle?

Caitheann BRIAN drochshúil uirthi. Leanann an rince ar feadh tamaill. Amach leis an mbrídeach, an grúm á tharraingt ina diaidh aici. Bualadh bos ó gach éinne. Scaipeann an slua de réir a chéile go bhfágtar BRIAN leis féin. Feiceann sé ÉABHA i bhfad uaidh, í ag siúl i dtreo an gheata. Íslítear na soilse go bhfuil spotsolas ar BHRIAN agus ceann ar ÉABHA.

BRIAN: A Éabha!

Amach le hÉABHA, í ag siúl go mall. Tuislíonn BRIAN agus gortaíonn a chos. Múchtar spotsolas Éabha. Titeann ceo anuas. Cloistear fothram oíche. Tar éis tamaill déanann BRIAN iarracht éirí ina sheasamh ach ní féidir leis.

BRIAN: A Éabha! Ná fág anso im' aonar mé.

Isteach le TADHG go tapa.

TADHG: In ainm Dé!

BRIAN: A Thaidhg, cá háit a bhfuil mé?

TADHG: Rachaimid abhaile.

BRIAN: Cá háit a bhfuil an bád?

TADHG: Anso. Tá sé anso.

BRIAN: Rachaimid abhaile.

Cuidíonn TADHG le BRIAN ach níl sé in ann éirí ina sheasamh. Iompraíonn TADHG amach é. Múchtar na soilse.

Scene Two

Brian's House

Night

Lights are brought up on BRIAN *who's lying on the bed, in a fever, tossing and turning.* PÁID *is seated at the foot of the bed. Enter* TADHG, *carrying a lantern.*

PÁID: 'Tis worse he's getting.

TADHG: Hasn't Nóra come yet?

PÁID: She has not.

TADHG *feels* BRIAN'S *forehead.*

PÁID: Raving he was. All night. Will I send for the priest?

TADHG: Don't be bothering with that fool.

PÁID *blesses himself.*

TADHG: I don't like the look of that foot.

PÁID: I'd say his time is up, may God have mercy on his soul. (*Pause*). Would you be needing a worker? I'd say 'tis fierce hard carrying all them goods on the boat ... from the town, without any help. Not to mention having to row the passengers back and forth across the lake morning and night.

TADHG: Haven't you enough to be doing here?

PÁID: I'm a gentleman. Surely, you don't think I want to spend all of me life working for this buck? With all his airs and graces: he thinking that he can play music and tutor children. With land he doesn't even have time to look after.

Radharc a Dó

Teach Bhriain

Oíche

Ardaítear na soilse ar BHRIAN *ina luí sa leaba, fiabhras air, á únfairt féin.* PÁID *ina shuí cois na leapa. Isteach le* TADHG, *laindéar ar iompar aige.*

PÁID: Ag dul in olcas atá sé.

TADHG: Nár tháinig Nóra fós?

PÁID: Níor tháinig.

Braitheann TADHG *éadan Bhriain.*

PÁID: Ag rámhaille a bhí sé. Ar feadh na hoíche. An gcuirfidh mé fios ar an sagart?

TADHG: Ná bac leis an amadán san.

Gearrann PÁID *comhartha na croise air féin.*

TADHG: Ní maith liom an chuma atá ar an gcois sin.

PÁID: Déarfainn go bhfuil a sheal tugtha, go ndéana Dia trócaire ar a anam. (*Sos*). An mbeadh oibrí ag teastáil uait? Déarfainn go bhfuil sé ana-dheacair na hearraí sin go léir a iompar ar an mbád ... ón mbaile mór gan chabhair. Gan trácht ar na paisinéirí sin a bhíonn le hiomramh anonn is anall thar an loch de ló is d'oíche.

TADHG: Nach bhfuil do dhóthain le déanamh agat anso?

PÁID: Is fear uasal mé. Ní hamhlaidh go bhfuil tú den tuairim go dteastaíonn uaim mo shaol go léir a chaitheamh ag obair don bhoc so. A leithéid d'éirí in airde atá ann: é ag ceapadh gur féidir leis ceol a sheinm agus páistí a theagasc. Talamh aige nach bhfuil an t-am aige aire a thabhairt dó, fiú.

TADHG: Be thankful that he has given you work.

PÁID: But if he dies ...

TADHG: You make me sick to me stomach.

Enter NÓRA. PÁID casts his eye over her.

PÁID: *(Lecherously).* Just the woman we've been looking for.

NÓRA: How is he?

TADHG: I'll send for Úna.

PÁID: He'll be lost, surely, if that hag lays a hand on him. I'll get the priest.

TADHG: You'll do no such thing. Now, out of my sight and be rooting and rummaging with you in the field as is your wont.

PÁID: But if he dies ...

TADHG shakes his fist at him. Exit PÁID.

TADHG: Give him a dropeen of water. And try to keep him still.

Exit TADHG. NÓRA starts to dab BRIAN'S forehead.

NÓRA: 'Tis mine you are now, my love. My hero. The most intelligent man in the world. The best read man in these here parts. The best musician. Thank you, dear God of Glory, for bringing this fever down upon Brian. And for giving me this opportunity to look after him. But, don't let him die, please. Keep him safe for me, oh, Lord God. Amen.

NÓRA lies down beside BRIAN and hums the air 'Sheebeg, Sheemore'. The lights are dimmed.

TADHG: Bí buíoch go bhfuil tú fostaithe aige.

PÁID: Ach má fhaigheann sé bás ...

TADHG: Cuireann tú déistin orm.

Isteach le NÓRA. Caitheann Páid súil thairsti.

PÁID: *(Go drúisiúil).* Díreach an bhean a bhí uainn.

NÓRA: Conas tá sé?

TADHG: Cuirfidh mé fios ar Úna.

PÁID: Caillfear go deimhin é má leagann an chailleach san lámh air. Gheobhaidh mise an sagart.

TADHG: Ní bhfaighidh. Amach as mo radharc anois agus bí ag seilg is ag siortú sa ghort mar is gnách leat.

PÁID: Ach má chailltear é ...

Bagraíonn TADHG a dhorn air. Amach le PÁID.

TADHG: Tabhair braon beag uisce dó. Agus dein iarracht é a choimeád ciúin.

Amach le TADHG. Tosaíonn NÓRA ag ní éadain agus lámha BHRIAIN.

NÓRA: Is liomsa anois tú, a stór. Mo laoch. An fear is cliste ar domhan. An fear is mó léinn sa chuid seo tíre. An ceoltóir is fearr. Go raibh maith agat, a Dhia na Glóire, as an bhfiabhras so a tharraingt anuas ar Bhrian. Agus as an deis seo a thabhairt dom aire a thabhairt dó. Ach, ná lig dó bás a fháil. Coimeád slán dom é, a Thiarna Dia. Amen.

Luíonn NÓRA in aice leis is déanann 'Sí Bheag, Sí Mhór' a chrónán dó. Íslítear na soilse.

Scene Three

Brian's House

Night

Thunder, lightning, a strong wind. A spotlight on Brian who's tossing and turning and raving. ÚNA approaches; her shadow can be seen on the wall, distorted and huge. NÓRA asleep at the foot of the bed.

BRIAN: Don't do it! Let me rest a while. Please! 'Tisn't my fault.

NÓRA wakes and sees the shadow. She tries to run out of the house but bumps into ÚNA who is on her way in, carrying herbs and ointments wrapped in a piece of cloth.

ÚNA: How is he?

NÓRA: Úna, thanks be to God you have come. I don't know what's wrong with him. Is something after taking hold of him? Some spirit?

ÚNA: Let me find out.

NÓRA: The mist is what caused it. The spirits be abroad when it descends upon us: the souls of the dead who haven't been given the opportunity to clear off with themselves to heaven or to that other place.

ÚNA: Have you ever seen a spirit?

NÓRA: I have not but that doesn't mean they don't be hereabouts, among us.

By degrees the lights are raised as though the morning sun were flowing into the house. ÚNA undoes BRIAN'S clothes.

NÓRA: Is it dead or alive he is?

ÚNA: Ye had a right to summon me before now.

RADHARC A TRÍ

Teach Bhriain

Oíche

Toirneach, tintreach, gaoth láidir. Spotsolas ar BHRIAN, é ag únfairt is ag rámhaille. Scáil ÚNA le feiceáil ar an mballa, í díchumtha agus ollmhór. NÓRA ina codladh ag bun na leapa.

BRIAN: Ná dein é! Lig dom mo scíth a ligean. Le do thoil! Ní mise faoi deara é.

Dúisíonn NÓRA, feiceann an scáil agus déanann iarracht rith amach as an teach ach bualann sí le hÚNA atá ar a bealach isteach, luibheanna agus ungthaí ar iompar i bpíosa éadaigh aici.

ÚNA: Conas tá sé?

NÓRA: A Úna, buíochas le Dia go bhfuil tú tagtha. Níl a fhios agam cad tá cearr leis. 'Bhfuil sprid éigin tar éis greim a fháil air? Diabhal éigin?

ÚNA: Lig domsa fáil amach.

NÓRA: An ceo is cúis leis. Bíonn na sprideanna ag dul thar bráid nuair a thagann sé anuas: anamacha na marbh nach bhfuair an deis greadadh leo go neamh nó chuig an áit eile.

ÚNA: An bhfaca tusa sprid ariamh?

NÓRA: Ní fhaca ach ní hionann san is le rá nach mbíonn siad abhus inár measc.

De réir a chéile ardaítear na soilse mar a bheadh solas na maidine ag sileadh isteach sa teach. Osclaíonn ÚNA éadaí BHRIAIN.

NÓRA: An beo nó marbh atá sé?

ÚNA: Ba chóir daoibh fios a chur orm níos túisce.

ÚNA examines his foot.

NÓRA: Is it broken?

ÚNA: Sprained. That's all.

NÓRA: Is that the same foot that was broken before?

ÚNA: It has that appearance.

While ÚNA is examining BRIAN, THE PRIEST passes by. He sees the two women standing over BRIAN. Shocked, he stands, looking at them. ÚNA takes out some ointment and rubs it into BRIAN'S foot.

ÚNA: Hand me that crushkeen.

NÓRA hands her the crushkeen. ÚNA throws some herbs into it and heads out towards the lake where she comes upon an embarrassed PRIEST. NÓRA looks out at them.

ÚNA: Is it here that you are, Dáithí?

THE PRIEST: Father! You must address me as 'Father'!

ÚNA scoops water into the crushkeen and mixes herbs with it.

THE PRIEST: What is it you are up to inside, woman?

ÚNA: Taking care of the infirm. As recommended by the Catholic Church. You don't have a problem with that, surely?

THE PRIEST: What is it you have put into that crushkeen?

ÚNA: That doesn't concern you, one way or the other.

THE PRIEST: He doesn't look too good. *(Grabbing hold of her by the wrist).*

ÚNA: *(Pulling away).* If he manages to survive today and tomorrow, he'll recover.

ÚNA walks towards the house. THE PRIEST follows her.

ÚNA: Where is it you're going?

THE PRIEST: 'Twould appear I'm needed inside.

Scrúdaíonn ÚNA a chos.

NÓRA: 'Bhfuil sí briste?

ÚNA: Leonta. Sin an méid.

NÓRA: An í sin an chos chéanna a bhí briste cheana?

ÚNA: Tá an chosúlacht san ar an scéal.

Agus BRIAN á scrúdú ag ÚNA, gabhann AN SAGART thar bráid. Feiceann sé an bheirt bhan ag seasamh os cionn Bhriain; baintear geit as; seasann sé, ag breathnú orthu. Tógann ÚNA ungadh amach agus cuimlíonn le cos BHRIAIN é.

ÚNA: Tabhair dom an crúiscín sin.

Déanann NÓRA amhlaidh. Caitheann ÚNA roinnt luibheanna isteach ann agus amach léi i dtreo an locha, áit a dtagann sí ar AN SAGART, náire air. Breathnaíonn NÓRA amach orthu.

ÚNA: Anso atá tú, a Dháithí?

AN SAGART: A Athair! Ní mór duit 'a Athair' a thabhairt orm!

Doirteann ÚNA uisce isteach sa chrúiscín agus meascann leis na luibheanna é.

AN SAGART: Cad tá ar siúl agat ansan, a bhean?

ÚNA: Ag tabhairt aire dos na heasláin. Faoi mar a mholann an Eaglais Chaitliceach.

AN SAGART: Cad tá curtha isteach ansan agat?

ÚNA: Ní bhaineann san leatsa, beag ná mór.

AN SAGART: Níl cuma ró-iontach air. (*Greim aige ar a rosta*).

ÚNA: *(Á tarraingt féin amach uaidh).* Má éiríonn leis inniu agus amárach a chur de, tiocfaidh biseach air.

Siúlann ÚNA i dtreo an tí. Leanann AN SAGART í.

ÚNA: Cá bhfuil tú ag dul?

AN SAGART: Is cosúil go bhfuil mé ag teastáil laistigh.

ÚNA: Was it you who was summoned? *(Pause).* Off with you, out of my sight!

ÚNA blocks his way so that he can't get into the house.

THE PRIEST: If anything happens to that man inside, on your head be it. Don't come looking for me and it too late.

Exit THE PRIEST. ÚNA enters the house.

NÓRA: Has your man left?

ÚNA: Can't you see that he has?

NÓRA: You're a capable woman, Úna. I wouldn't be able to talk to him like that.

ÚNA: You should try it sometime.

NÓRA: What have you got there? Will that do him any good?

ÚNA: Questions, questions! Don't you ever tire of them?

ÚNA gives BRIAN a spoonful of medicine.

NÓRA: 'Tisn't often you see a torso or limbs this strong.

ÚNA: Take good care of him now, you.

NÓRA: I will, surely.

ÚNA: How have you been getting on since last we spoke?

NÓRA: Not too bad, now that you mention it.

ÚNA: What is it exactly that you did?

NÓRA: When the moon was full I slept with a sock full of fruit beneath me ear.

ÚNA: Did you wash your shift against the current?

NÓRA: I did. *(Pause).* What do you think, Úna, do I stand a chance?

ÚNA: There's always a chance.

ÚNA: Ar cuireadh fios ortsa? (*Sos*). Gread leat amach as mo radharc.

Seasann ÚNA sa bhealach air sa treo nach féidir leis dul isteach sa teach.

AN SAGART: Má tharlaíonn aon ní don bhfear san laistigh, ar do cheannsa bíodh sé. Agus ná bí do mo chuardach agus é ródhéanach.

Amach leis AN SAGART. Isteach sa teach le hÚNA.

NÓRA: An bhfuil mo dhuine imithe?

ÚNA: Nach léir go bhfuil?

NÓRA: Is cumasach an bhean thú. Ní fhéadfainn labhairt leisean ar an mbealach san.

ÚNA: Ba chóir duit triail a bhaint as am éigin.

NÓRA: Cad tá agat ansan? An ndéanfaidh sé maitheas dó?

ÚNA: Ceisteanna, ceisteanna! Nach n-éiríonn tú bréan díobh ariamh?

Tugann ÚNA spúnóg den chógas do BHRIAN.

NÓRA: Ní minic a fheictear cabhail ná cnámha chomh láidir leis seo.

ÚNA: Tabhair aire mhaith dó anois, tusa.

NÓRA: Tabharfaidh mé, cinnte.

ÚNA: Conas tá ag éirí leat féin ó bhíomar ag caint?

NÓRA: Ní chomh dona san, ó luann tú é.

ÚNA: Cad é go díreach a dhein tú?

NÓRA: Agus an ghealach lán chodail mé le stoca lán le torthaí faoi mo chluais.

ÚNA: Ar nigh tú do léine in aghaidh an tsrutha?

NÓRA: Nigh. (*Sos*). Cad é do bharúil, a Úna, an bhfuil seans agam?

ÚNA: Bíonn seans ann i gcónaí.

NÓRA: There's nothing wrong with me, is there?

ÚNA: There are enough men left in the country, as I was saying before.

NÓRA: I wouldn't want to die without a husband.

ÚNA: That would never happen to a woman such as yourself.

NÓRA: I be always working hard: forever showing meself off on the plain, at the races, and the dances, and the bonefires. And I well turned-out. Look at this dress that I bought not even a month since. And this cloak with its fine hood with no lack of ribbons on it.

ÚNA: Nóra, fine clothes in themselves are not enough to keep a man satisfied.

NÓRA: What else must I do?

ÚNA: Have you tried the ale with the roasted moorland midges in it?

NÓRA: I have not, not yet, at any rate. They say that's the last trick for those who are without hope.

ÚNA: Give it a try. There be thousands of insects abroad this summer. Did you not notice the poor priest and he eaten alive by them?

NÓRA: Very well: I'll do as you say, though thinking of it makes me sick to me stomach.

ÚNA: If you want to achieve your goal, you must be prepared to try every trick.

NÓRA: I will do it, so.

ÚNA: You will be married before the end of the year, my dear.

NÓRA: When? I cannot wait that long.

ÚNA: Give Brian a spoonful of this and the sun high, and again and the sun going down. Keep him clean and do not allow him get too hot.

NÓRA: You didn't answer my question.

NÓRA: Níl aon ní cearr liom, an bhfuil?

ÚNA: Tá dóthain fear fágtha sa tír, faoi mar a bhí mé ag rá cheana.

NÓRA: Níor mhaith liom go n-éagfainn gan chéile.

ÚNA: Ní fhéadfadh a leithéid tarlú do bhean cosúil leat féin.

NÓRA: Bím ag obair liom i gcónaí: do mo shíorthaispeáint ar an machaire, ag na rásaí, ag na rincí is ag na tinte cnámh. Agus mé gléasta go maith leis. Féach ar an ngúna so a cheannaigh mé, níl ach mí ann. Agus an clóca so leis an húda geal gan ceal ribíní air.

ÚNA: Ní leor éadaí galánta iontu féin le fear a choimeád sona.

NÓRA: Cad is gá dom a dhéanamh? Inis dom, a Úna.

ÚNA: Ar bhain tú triail as an leann leis na cuileanna móna rósta ann?

NÓRA: Níor bhain, ní go fóill, ar aon nós. Deirtear gurb é sin an cleas deireanach, dóibh siúd atá gan dóchas.

ÚNA: Bain triail as. Tá na mílte cuileanna abhus an samhradh so. Nár thug tú faoi deara an sagart bocht, agus é á ithe acu?

NÓRA: Tá go maith: déanfaidh mé amhlaidh, cé go gcuireann sé déistin orm smaoineamh air.

ÚNA: Más mian leat do cheann scríbe a bhaint amach, ní foláir duit fulaingt idir an dá linn.

NÓRA: Déanfaidh mé amhlaidh, mar sin.

ÚNA: Pósfaidh tú roimh dheireadh na bliana, a stór.

NÓRA: Cathain? Ní féidir liom fanacht chomh fada san.

ÚNA: Tabhair spúnóg de seo do Bhrian agus an ghrian go hard agus arís ar dhul faoi na gréine. Coimeád glan é agus ná lig dó éirí róthe.

NÓRA: Níor fhreagair tú mo cheist.

ÚNA: I'll be back in the morning.

NÓRA: When will I get married? *(Pause).* Isn't my situation apparent? *(Laying a hand on her stomach).*

ÚNA: 'Tis, surely.

NÓRA: Please!

ÚNA: Before the end of the month.

Exit ÚNA. BRIAN wakes.

BRIAN: Where am I?

NÓRA: I'll look after you.

BRIAN: Éabha!

NÓRA: Yes, my love?

BRIAN: Éabha, don't leave me here on my own.

NÓRA: I will not, my love, macushla.

NÓRA dabs his forehead. Blackout.

ÚNA: Fillfidh mé ar maidin.

NÓRA: Cathain a phósfaidh mé? *(Sos).* Nach léir an riocht ina bhfuilim? *(Ag leagan láimhe ar a bolg).*

ÚNA: Is léir, cinnte.

NÓRA: Le do thoil!

ÚNA: Roimh dheireadh na míosa.

Amach le hÚNA. Dúisíonn BRIAN.

BRIAN: Cá bhfuil mé?

NÓRA: Tabharfaidh mise aire duit.

BRIAN: A Éabha!

NÓRA: 'Sea, a stór?

BRIAN: A Éabha, ná fág anso im' aonar mé.

NÓRA: Ní fhágfaidh, a stór, a chuisle mo chroí.

Níonn NÓRA a éadan. Múchtar na soilse.

SCENE FOUR

The Plain

Day

Lights are raised on THE PRIEST who is seated. PÁID is on his knees beside him, making his confession.

THE PRIEST: Is there anything else you have to tell me, Páid?

PÁID: 'Tis difficult to say this, Father.

THE PRIEST: I'm listening.

PÁID: But you're a priest. A celibate.

THE PRIEST: Anything you tell me, you can rest assured that I have already heard it.

PÁID: *(Pause).* It concerns a woman.

THE PRIEST: *(Listening carefully).* Continue.

PÁID: A neighbour of mine – not a day goes by but I don't see her. Oh, but she's a fine woman, surely.

THE PRIEST: Yes?

PÁID: If only you saw her yourself: her throat, her neck, her hands, her fingers.

THE PRIEST: *(Lasciviously).* Yes?

PÁID: I be thinking of her from morning till night. Every morning when I wake, every night before I go to sleep.

THE PRIEST: Do I myself know this woman?

PÁID: Ara, that you do, for sure.

THE PRIEST: Who is she?

PÁID: A neighbour of mine, as I was saying. Between ourselves, one day I saw her lying down, she stretched out on the grassy plain, her dress after escaping up over her ankles, her knees and her thighs. And what a fine

An Machaire

Lá

Ardaítear na soilse ar AN SAGART *ina shuí,* PÁID *ar a ghlúine taobh leis, faoistin á déanamh aige.*

AN SAGART: Aon ní eile le hinsint agat dom, a Pháid?

PÁID: Is deacair é seo a rá, a Athair.

AN SAGART: Tá mé ag éisteacht.

PÁID: Ach is sagart tú. Geanmnach.

AN SAGART: Aon ní a insíonn tú dom, bí cinnte de go bhfuil sé cloiste cheana agam.

PÁID: (*Sos*). Baineann sé le bean.

AN SAGART: *(Ag éisteacht go géar).* Lean ort.

PÁID: Comharsa liom í – ní théann lá tharam gan í a fheiceáil. Ó, is gleoite an bhean í, go deimhin.

AN SAGART: 'Sea?

PÁID: Dá bhfeicfeá í: a píob, a bráid, a lámha, a méara.

AN SAGART: *(Go drúisiúil).* 'Sea?

PÁID: Bím ag cuimhneamh uirthi de ló is d'oíche. Gach maidin nuair a dhúisím, gach oíche sula dtéim a chodladh.

AN SAGART: 'Bhfuil aithne agam féin ar an mbean so?

PÁID: Dhera, tá, go deimhin.

AN SAGART: Cé hí féin?

PÁID: Comharsa liom í, faoi mar a bhí mé ag rá. Cogar, lá amháin chonaiceas ina luí í: í sínte siar ar an mbáinseach, a gúna tar éis séideadh suas thar a rúitíní, a glúine agus a ceathrúna. Agus ba bhreá

pleasing sight there was to be seen. Ever since I've been unable to think of anything else apart from that little chalice that they say has ...

THE PRIEST: You must rid yourself of these evil thoughts.

PÁID: I'm not able to.

THE PRIEST: You must show remorse.

PÁID: I'm not able to.

THE PRIEST: You must rid yourself of these evil thoughts. And show remorse. And, furthermore, do penance on their account. You wouldn't want to die and they on your conscience, would you?

PÁID: I would not.

THE PRIEST: You'd not want to spend your eternal life below in hell, would you?

PÁID: I would not.

THE PRIEST: Anything else to tell me?

PÁID: Only that I be lonesome on me own. Every night of me life. Without any companion, apart from the ale, that is.

THE PRIEST: You must give that up as well, if you drink too much of it.

PÁID: I'm not able to.

THE PRIEST: If it's an occasion of sin, and 'twould seem that 'tis, you must be done with it.

PÁID: Ara, I think it be too late now for me to get a woman.

THE PRIEST: Be sure to avoid that woman, that you mentioned earlier, from now on.

PÁID: Nóra? How could I avoid her and we working together?

THE PRIEST: *(Absorbing this information).* Say three Our Fathers, Three Hail Marys, and three Glory Be to the Fathers. *Ego te absolvo a pecatis tuis, in nomine Patris, et Filii, et Spiritus Sancti.* Amen. (*Pause).* Isn't the weather mighty, all the same?

taitneamhach an radharc é. Ó shin i leith níl mé in ann cuimhneamh ar aon ní eile ach air sin agus ar an gcailís bheag san a deirtear go bhfuil ...

AN SAGART: Ní foláir duit an ruaig a chur ar na drochsmaointe seo.

PÁID: Ní féidir liom.

AN SAGART: Ní foláir duit aiféala a bheith ort ina dtaobh.

PÁID: Ní féidir liom.

AN SAGART: Ní foláir duit an ruaig a chur ar na drochsmaointe seo. Agus aiféala a bheith ort ina dtaobh. Agus, níos mó ná san, pionós a dhéanamh ar a son. Níor mhaith leat bás a fháil agus iad ar do choinsias agat, ar mhaith?

PÁID: Níor mhaith.

AN SAGART: Níor mhaith leat an saol síoraí a chaitheamh thíos in ifreann, ar mhaith?

PÁID: Níor mhaith.

AN SAGART: Aon ní eile le hinsint dom?

PÁID: Faic, ach amháin go mbím uaigneach im' aonar. Gach aon oíche dem' shaol. Gan aon chompánach agam, seachas an leann.

AN SAGART: Ní foláir é sin a thabhairt suas freisin, má ólann tú an iomarca de.

PÁID: Ní féidir liom.

AN SAGART: Más ábhar peaca é, agus is cosúil gurb ea, ní mór fáil réidh leis.

PÁID: Dhera, braithim anois go bhfuil sé ródhéanach bean a fháil.

AN SAGART: Bí cinnte an bhean san, a luaigh tú níos túisce, a sheachaint amach anso.

PÁID: Nóra? Conas a d'fhéadfainn í a sheachaint agus sinn ag obair le chéile?

AN SAGART: *(Ag sú an eolais seo isteach).* Abair trí Ár nAthair, trí Áivé Máiria agus trí Ghlóir don Athair. *Ego te absolvo a pecatis tuis, in nomine Patris, et Filii, et Spiritus Sancti. Amen.* *(Sos).* Nach bhfuil an aimsir go hiontach, mar sin féin?

PÁID: Good weather means only one thing: work to be done on the farm.

THE PRIEST: Be thankful it needs doing.

Exit PÁID. Enter ÚNA. She starts washing her bandages in the water.

THE PRIEST: How is he?

ÚNA: Brian? Coming to.

THE PRIEST: This work that you be doing – you must hide it.

ÚNA: Why is that?

THE PRIEST: 'Tis well you know why.

ÚNA: And me thinking we were after coming to an arrangement.

THE PRIEST: I could never come to an arrangement with yourself.

ÚNA: What would be wrong with the same arrangement, if you did? Don't you be looking after the soul, while I be looking after the body?

THE PRIEST: You're making a fool of me. People do be talking.

ÚNA: People have always been talking and always will be.

THE PRIEST: Úna, 'tis a long time since I heard your confession.

ÚNA: Ara, sure, isn't my soul without blemish?

THE PRIEST: I saw you taking the clothes off that man not two days ago.

ÚNA: And what could be wrong with that and I giving him medical attention?

THE PRIEST: Úna, it does be fierce hard turning a blind eye to what you be getting up to.

ÚNA: Because you be going around looking at meself and others and they attending to their chores. Listen to me, Dáithí.

PÁID: Is ionann dea-aimsir agus aon ní amháin: obair le déanamh ar an bhfeirm.

AN SAGART: Bí buíoch go bhfuil sí le fáil.

Amach le PÁID. Isteach le hÚNA. Tosaíonn sí ag ní a cuid bindealán san uisce.

AN SAGART: Conas tá sé?

ÚNA: Brian? Ag teacht chuige féin.

AN SAGART: An obair seo a bhíonn idir lámha agat – caithfidh tú í a cheilt.

ÚNA: Cad 'na thaobh?

AN SAGART: Tuigeann tú go maith cad 'na thaobh.

ÚNA: Agus mise ag ceapadh go rabhamar tar éis teacht ar réiteach.

AN SAGART: Ní fhéadfainn teacht ar réiteach leatsa ariamh.

ÚNA: Cad a bheadh cearr leis an réiteach céanna? Nach mbíonn tusa ag tabhairt aire don anam, fad is a bhímse ag tabhairt aire don chorp?

AN SAGART: Tá ceap magaidh á dhéanamh díom: bíonn daoine ag caint.

ÚNA: Bhíodh daoine de shíor ag caint agus beidh go deo.

AN SAGART: A Úna, is fada an lá ó dhein tú faoistin liom.

ÚNA: Dhera, nach bhfuil m'anamsa gan smál.

AN SAGART: Chonaiceas tú ag baint na n-éadaí den bhfear san, níl ach dhá lá imithe.

ÚNA: Cad a bheadh cearr leis sin agus mé ag cur cóir leighis air? Agus is maith is eol duit é.

AN SAGART: A Úna, bíonn sé iontach deacair neamhaird a dhéanamh den méid a bhíonn ar siúl agat.

ÚNA: Mar go mbíonn tú ag dul thart ag féachaint ormsa agus ar dhaoine eile agus iad i mbun a ngnó féin. Éist liom, a Dháithí.

THE PRIEST: Father!

ÚNA: Dáithí, how could I ever forget the little barefoot boy that grew up alongside me?

THE PRIEST: 'Tis a long time since I saw you at mass.

ÚNA: What business would I have listening to your sermons – you giving out about the copulating habits of this parish because you be going around peering in through the doorways of the houses to find out what people be doing and they attending to their private business.

THE PRIEST: 'Tis looking after their souls I be.

ÚNA looks closely at his neck.

ÚNA: I don't like the look of your neck.

THE PRIEST: There's nothing wrong with my neck.

ÚNA: Let me see.

THE PRIEST: Stay away from me, you hag!

ÚNA: 'Tis clear you have some class of a rash.

THE PRIEST: I got a bit hot yesterday. That's all.

ÚNA: That isn't it, at all at all. I recognise that same old rash. Do you have it anywhere else? Has it spread across your body?

THE PRIEST: No.

ÚNA: Down into your private parts?

THE PRIEST: It has not!

ÚNA: I could give you an ointment.

THE PRIEST: Divil an ointment I'll accept from the likes of you.

ÚNA: 'Tis nothing to be ashamed of. 'Tis often problems happen to us that are not of our own making. *(Pause).* But that doesn't mean we do have to put up with them.

THE PRIEST: Yes, it does.

AN SAGART: A Athair!

ÚNA: A Dháithí, conas a d'fhéadfainn dearmad a dhéanamh go deo ar an mbuachaill beag cosnocht san a d'fhás aníos taobh liom?

AN SAGART: Is fada an lá ó chonaic mé ar an aifreann tú.

ÚNA: Cén gnó a bheadh agamsa ag éisteacht led' sheanmhóirí, is tú ag tabhairt amach faoi nósanna comhriachtana an pharóiste mar go mbíonn tú ag dul thart ag féachaint isteach trí dhoirse na dtithe chun a fháil amach cad a bhíonn ar bun ag daoine agus iad i mbun a gcumarsáide príobháidí?

AN SAGART: Ag féachaint i ndiaidh a n-anamacha a bhím.

Féachann ÚNA go géar ar a mhuineál.

ÚNA: Ní maith liom an chuma atá ar do mhuineál.

AN SAGART: Níl faic cearr leis.

ÚNA: Lig dom féachaint air.

AN SAGART: Fan amach uaim, a chailleach.

ÚNA: Is léir go bhfuil rais de chineál éigin ort.

AN SAGART: D'éirigh mé beagáinín te inniu. Sin an méid.

ÚNA: Ní hé sin in aon chor é. Aithním an tseanrais chéanna san. An bhfuil sí in aon áit eile ort? Ar leath sí thar do cholainn?

AN SAGART: Níor leath.

ÚNA: Chomh fada leis an áit phríobháideach san?

AN SAGART: Níor leath.

ÚNA: D'fhéadfainn ungadh a thabhairt duit.

AN SAGART: Diabhal ungadh a ghlacfas mé ó do leithéidse.

ÚNA: Ní haon chúis náire é. Is minic a tharlaíonn fadhbanna dúinn nach mbímid ciontach astu in aon chor. *(Sos).* Ní hionann san is le rá gur gá dúinn iad a fhulaingt.

AN SAGART: Is ionann.

ÚNA: In the name of God, I suppose?

THE PRIEST: A truer word you never spoke.

ÚNA: Don't be silly. I have a little cure here.

THE PRIEST: *(Heading off).* To the divil with you.

ÚNA: I have already made that choice.

THE PRIEST: You understand the bible. 'Tis well you know how happy the shepherd is when he finds that one sheep that was lost.

ÚNA: Only the one?

THE PRIEST: You must return to the flock. You must attend mass. You must let me hear your confession.

ÚNA: Baa, baa!

Exit THE PRIEST. ÚNA collects her accoutrements and heads off in the direction of her cave. Blackout.

ÚNA: In ainm Dé, is dócha?

AN SAGART: Focal níos fíre níor labhair tú ariamh.

ÚNA: Ná bí amaideach. Tá cógas beag agam anso a réiteoidh an fhadhb san duit.

AN SAGART: Bíodh an diabhal agat.

ÚNA: Tá an rogha san déanta agam cheana féin.

AN SAGART: Tuigeann tú an bíobla. Is maith is eol duit cé chomh sona is a bhíonn an t-aoire nuair a thagann sé ar an gcaora san a cailleadh.

ÚNA: Aon cheann amháin?

AN SAGART: Ní foláir duit filleadh ar an tréad. Ní foláir duit freastal ar an aifreann. Ní foláir duit ligean dom d'fhaoistin a chloisint.

ÚNA: Baa, baa!

Amach leis AN SAGART. Bailíonn ÚNA a giuirléidí agus amach léi i dtreo a pluaise. Múchtar na soilse.

Scene Five

Brian's House

Morning

Lights are brought up on BRIAN as he wakes. NÓRA gives him soup. The sun shines down on them.

BRIAN: Who are you?

NÓRA: Nóra. Don't you remember me?

BRIAN: What are you doing here in my house?

NÓRA: Looking after you. Musha, I would have thought that was clear.

BRIAN: What happened to me?

NÓRA: You fell and hurt your foot.

BRIAN: Is that all?

NÓRA: 'Tis, apart from the fever, of course.

BRIAN: I thought there was an evil hag inside in my house, and that she was dragging me through the fields.

NÓRA: This is the first time you've come to your senses in four days.

BRIAN: I was stretched that length of time?

NÓRA: Tadhg it was who sent for me. I've been looking after you since.

BRIAN: Thank you.

NÓRA: Now, 'tis time for you to drink a dropeen of this.

NÓRA gives him a spoonful of medicine.

BRIAN: What is it?

NÓRA: I don't know exactly what it is. But divil a bit of harm 'twill do you. Ara, haven't you been drinking it these last three days? 'Twas Úna, the wise woman that prepared it.

Radharc a Cúig

Teach Bhriain

Maidin

Ardaítear na soilse ar Bhrian *agus é ag dúiseacht. Tugann* Nóra *anraith do. Lonraíonn an ghrian anuas orthu.*

Brian: Cé tusa?

Nóra: Nóra. Nach cuimhin leat mé?

Brian: Cad tá ar siúl agat anso im' theachsa?

Nóra: Ag tabhairt aire duit. Muise, bheinn ag ceapadh go raibh sin soiléir.

Brian: Cad a tharla dom?

Nóra: Thit tú agus ghortaigh tú do chos.

Brian: 'Sé sin an méid?

Nóra: 'Sé, seachas an fiabhras, ar ndóigh.

Brian: Bhraith mé go raibh cailleach ghránna istigh im' theachsa, go raibh sí dom' tharraingt thar na goirt.

Nóra: Seo í an chéad uair duit a bheith ar do chiall le ceithre lá anuas.

Brian: Bhí mé sínte ar feadh an achair san?

Nóra: Tadhg a chuir fios orm: thug mé aire duit ó shin i leith.

Brian: Go raibh maith agat.

Nóra: Anois, tá sé in am duit braoinín de seo a ól.

Tugann Nóra *spúnóg den chógas dó.*

Brian: Cad é sin?

Nóra: Níl a fhios agam cad tá ann. Ach dochar ar bith ní dhéanfaidh sé duit. Dhera, nach bhfuil tú á ól le trí lá anuas? Úna, an bhean feasa a d'ullmhaigh é.

BRIAN: My thanks to ye both.

BRIAN tries to get up but is unable to.

NÓRA: Don't be worried. I can stay here till you have recovered.

BRIAN: No, you can't.

NÓRA: You need assistance and I am the person can give it to you. 'Tis the kind of work I am used to doing.

BRIAN: I will pay for all of this, of course.

NÓRA: You can pay for it when you're better. (*Pause*). But I have another little proposal for you.

BRIAN: Speak up.

NÓRA: Maybe you will think I am bold.

BRIAN: Continue, woman.

NÓRA: I would be well happy looking after you for the rest of your life.

BRIAN: You're right: you are bold, indeed.

NÓRA turns around.

NÓRA: You must admit I have a pleasing appearance. Just as good as that of any noblewoman.

BRIAN: Thank you for looking after me but I do not need a woman.

NÓRA: Not to mention me housekeeping skills. And me ability to cook.

BRIAN: Is it deaf you are?

NÓRA: Every man needs a woman.

He makes another attempt to rise and fails again.

BRIAN: Maybe I do need help, after all.

NÓRA: And I do have the height of admiration for your music.

BRIAN: Until I am better.

BRIAN: Go raibh maith agaibh beirt.

Déanann BRIAN iarracht éirí ach ní féidir leis.

NÓRA: Ná bí buartha. Féadfaidh mé fanacht anso go dtiocfaidh biseach ort.

BRIAN: Ní fhéadfaidh.

NÓRA: Tá cabhair uait agus is mise an duine a thabharfaidh duit í. Is é seo an saghas oibre a dhéanaim de ghnáth.

BRIAN: Íocfaidh mé as so go léir.

NÓRA: Féadfaidh tú íoc as nuair a thiocfas biseach ort. (*Sos*). Ach tá moladh beag amháin eile agam.

BRIAN: Abair amach é.

NÓRA: B'fhéidir go gceapfaidh tú go bhfuil mé dána.

BRIAN: Lean ort, a bhean.

NÓRA: Bheinn breá sásta aire a thabhairt duit ar feadh an chuid eile ded' shaol.

BRIAN: Tá an ceart agat. Is dána an bhean tú, go deimhin.

Casann NÓRA thart.

NÓRA: Caithfidh tú a admháil go bhfuil cuma dheas orm. Díreach chomh maith céanna leis na mná uaisle.

BRIAN: Go raibh maith agat as aire a thabhairt dom ach níl bean uaim.

NÓRA: Gan trácht ar mo scileanna teaghlachais is mo chumas cócaireachta!

BRIAN: An bodhar atá tú?

NÓRA: Bíonn bean ag teastáil ó gach aon fhear.

Déanann sé iarracht eile éirí agus teipeann arís air.

BRIAN: B'fhéidir go bhfuil cabhair uaim, tar éis an tsaoil.

NÓRA: Agus tá ardmheas agam ar do chuid ceoil.

BRIAN: Go mbeidh mé ar fónamh.

NÓRA: That suits me well enough.

BRIAN: I'm not ready to take a woman, not yet, at any rate.

NÓRA: And the years slipping by. Shame on you!

NÓRA helps him up and puts him sitting outside. BRIAN notices that his clothes are open.

NÓRA: Úna told me to let her know when you were better.

Embarrassed, BRIAN fixes his trousers.

BRIAN: What in the name of God were the pair of ye up to and I stretched?

NÓRA: Looking after you. Didn't you hear what I just said?

Exit Nóra. BRIAN looks about him. He inhales the fresh air. He closes his eyes and says the following lines as though they had just occurred to him.

BRIAN: The boughs sagged ... swathes of grass ... flourished.

BRIAN stands.

BRIAN: Above me the boughs sagged and creaked;
beside me swathes of grass and reeds
flourished alongside flowers and wort.

Blackout.

NÓRA: Oireann san go maith dom.

BRIAN: Níl mé réidh bean a thabhairt chugam féin, go fóill.

NÓRA: Agus na blianta ag sleamhnú tharat. Mo náire tú!

Cabhraíonn NÓRA leis agus cuireann ina shuí lasmuigh é. Tugann BRIAN faoi deara go bhfuil a chuid éadaí oscailte.

NÓRA: Mhol Úna dom a insint di nuair a bheadh biseach ort.

Réitíonn BRIAN a bhríste.

BRIAN: Cad sa diabhal a bhí ar siúl agaibh agus mé sínte?

NÓRA: Ag tabhairt aire duit. Nár chuala tú cad dúirt mé?

Amach le NÓRA. Breathnaíonn BRIAN thart. Ionanálaíonn sé an t-aer úr. Dúnann a shúile agus deireann na línte seo a leanas mar a bheidís tar éis rith leis.

BRIAN: Duilliúr craobh ar ghéaga ... fiorthann is féar go slaodach.

Éiríonn ina sheasamh.

BRIAN: Bhí duilliúr craobh ar ghéaga im' thimpeall,
Fiorthann is féar go slaodach taobh liom,
Glasra fáis is blátha is luibheanna.

Múchtar na soilse.

SCENE SIX

Úna's Cave

Afternoon

Lights are brought up on ÚNA *who's preparing herbs.* NÓRA *is standing beside her.*

NÓRA: Úna, at last I understand what love is.

ÚNA: That didn't take long.

NÓRA: We'll be married before the end of the month.

ÚNA: And the man?

NÓRA: Brian! Like I told you before – we're to be wed – himself and meself.

ÚNA: I don't think that our Brian is the right man for you, if you take me meaning.

NÓRA: Don't be minding about that. 'Tis well I know that they don't be too sure about his background or the circumstances of his birth. But children shouldn't have to suffer in this life on account of the sins of their parents.

ÚNA: Listen to who's talking.

NÓRA: I did as you told me: I drank the ale with the roasted moorland midges in it. And I hid a rib of hair along with me nails in the ashes.

ÚNA: Did you leave a spade beneath your pillow?

NÓRA: That too. *(Pause).* I'm thinking the results can be seen already.

ÚNA: You must have patience.

NÓRA: The time for that is past.

ÚNA: Continue on the way I suggested, anyhow. *(Pause).* And another small hint.

RADHARC A SÉ

Pluais Úna

Iarnóin

Ardaítear na soilse ar ÚNA agus í ag ullmhú luibheanna. NÓRA ina seasamh taobh léi.

NÓRA: A Úna, faoi dheireadh, tuigim cad is grá ann.

ÚNA: Níor thóg san rófhada ort.

NÓRA: Beimid pósta roimh dheireadh na míosa.

ÚNA: Agus an fear?

NÓRA: Brian. Faoi mar a dúirt mé cheana – táimid le pósadh – eisean agus mise.

ÚNA: Ní dóigh liom gurb é Brian s'againne an fear ceart duit, má thuigeann tú leat mé.

NÓRA: Ná bac leis sin. Is maith a thuigim nach bhfuiltear róchinnte faoina chúlra ná faoi chúinsí a bhreithe. Ach, níor chóir go mbeadh ar pháistí a bheith freagrach as peacaí a dtuismitheoirí sa saol so.

ÚNA: Éist leis an mbean atá ag caint.

NÓRA: Dhein mé mar a mhol tú dom: d'ól mé an leann leis na cuileanna móna rósta ann. Agus cheil mé ríbí de mo chuid gruaige mar aon le m'ingne sa luaith.

ÚNA: Ar fhág tú an rámhainn faoin adhairt?

NÓRA: É sin leis. (*Sos*). Sílim go bhfuil na torthaí le feiceáil cheana féin.

ÚNA: Ní foláir duit foighne a bheith agat.

NÓRA: Tá an t-am dó san thart.

ÚNA: Lean ort faoi mar a mhol mé, pé scéal é. (*Sos*). Agus leid bheag eile.

NÓRA: Yes?

ÚNA: The best way to satisfy a man is to look after his stomach.

NÓRA: Isn't that what I've been doing these past four days?

ÚNA: Until such time as he comes to depend on you.

NÓRA: Maybe he'll tire of the soup.

ÚNA: Throw in these few little pieces the next time you're preparing some for him.

ÚNA gives her some herbs.

NÓRA: Anything else?

ÚNA: *(Impatiently).* Can you get a head of cabbage?

NÓRA: Certainly, I can.

ÚNA: Well, get one and leave it under your bed.

NÓRA: Why?

ÚNA: Don't you trust me?

NÓRA: Yes.

ÚNA: Well, before long, a man will pay you more than a little attention, I promise you.

NÓRA: Which man – is it the right one?

ÚNA: Have patience!

Into the cave with ÚNA. NÓRA looks after her. Annoyed, she exits in the opposite direction. Blackout.

NÓRA: 'Sea?

ÚNA: An bealach is fearr chun fear a shásamh ná aire a thabhairt dá ghoile.

NÓRA: Nach é sin atá ar siúl agam le ceithre lá anuas?

ÚNA: Go dtí go mbíonn sé ag brath ort.

NÓRA: B'fhéidir go n-éireoidh sé bréan den anraith.

ÚNA: Caith na píosaí beaga so isteach ann an chéad uair eile a bheas tú á réiteach dó.

Tugann ÚNA luibheanna di.

NÓRA: Aon ní eile?

ÚNA: *(Go mífhoighneach).* 'Bhféadfaidh tú tor cabáiste a fháil?

NÓRA: Féadfaidh, cinnte.

ÚNA: Bhuel, faigh ceann agus caith faoi do leaba é.

NÓRA: Cad 'na thaobh?

ÚNA: Nach bhfuil muinín agat asam?

NÓRA: Tá.

ÚNA: Bhuel, sar i bhfad, cuirfidh fear dúil nach beag ionat, geallaim duit é.

NÓRA: Cén fear – an duine ceart, an ea?

ÚNA: Bíodh foighne agat!

Isteach sa phluais le hÚNA. Féachann NÓRA ina diaidh, í spréachta. Amach léi sa treo eile. Múchtar na soilse.

Scene Seven

Brian's House

Evening

Lights are brought up on BRIAN*, seated outside his house.* ÉABHA *is standing beside him. She gives him some books.*

BRIAN: Thank you for the books.

ÉABHA: Enjoy them!

BRIAN: I'm so pleased to see you, Éabha.

ÉABHA: And I'm so pleased to see you are recovering well.

She looks at his abode with pity.

BRIAN: I can't wait to read these.

ÉABHA: I can't wait to hear your opinions about them.

BRIAN: 'Tis clear that you were greatly interested in them.

ÉABHA: Why wouldn't I be and they full of new thoughts and concepts? And 'tis well we both know that new thoughts and concepts are the *raison d'être* of the artist.

ÉABHA *sits on the grass beside him.*

BRIAN: The artist?

ÉABHA: Don't you understand what I mean? (*Pause*).

BRIAN: I'm a teacher. Who runs a small school. Who gives private lessons. Who plays the fiddle. Who has a few acres of land.

ÉABHA: And those few acres are more important than anything else?

BRIAN: That's not what I'm saying.

ÉABHA: What is it you are saying, then?

BRIAN: You mentioned ...

Radharc a Seacht

Teach Bhriain

Tráthnóna

Ardaítear na soilse ar Bhrian, é ina shuí lasmuigh dá theach. Isteach le hÉabha. Bronnann sí leabhair air.

Brian: Go raibh maith agat as na leabhair seo.

Éabha: Bain taitneamh astu!

Brian: Tá an oiread san ríméid orm tú a fheiceáil.

Éabha: Tá an oiread san ríméid ormsa a fheiceáil go bhfuil tú ag teacht chugat féin.

Breathnaíonn sí thart ar a áit chónaithe agus tá trua aici dó.

Brian: Táimse ar bís lena léamh.

Éabha: Táimse ar bís le do thuairimí fúthu a chloisint.

Brian: Is léir gur chuir tusa an-suim go deo iontu.

Éabha: Cad 'na thaobh nach gcuirfinn agus iad lán le smaointe agus le coincheapa nua. Agus is maith is eol dúinn beirt gurb iad na smaointe agus na coincheapa nua *raison d'être* an ealaíontóra.

Suíonn Éabha ar an bhféar in aice leis.

Brian: An t-ealaíontóir?

Éabha: Nach dtuigeann tú cad tá i gceist agam?

Brian: Is múinteoir mé. A bhfuil scoil bheag agam. A thugann ceachtanna príobháideacha. A sheinneann an fhidil. A bhfuil cúpla acra talún agam.

Éabha: Agus is tábhachtaí na hacraí san ná aon ní eile?

Brian: Nílim á rá san.

Éabha: Cad tá á rá agat, mar sin?

Brian: Luaigh tú ...

ÉABHA: I mentioned the word 'artist'. *(Pause).* You are an artist, Brian. For years now you've been writing little pieces. But you're so preoccupied with all these other chores that you have little time left for that which is most important.

BRIAN: I have to live.

ÉABHA: You'll have your fees as soon as my husband returns.

BRIAN: I wasn't asking for them. *(Pause).* You do want me to continue with the tutoring?

ÉABHA: I do, surely. Isn't Aindréas getting on well? *(Pause).* He misses you.

BRIAN: Tell him, if he's enquiring about me ...

ÉABHA: And he is ...

BRIAN: Tell him I will see him soon.

ÉABHA: When you're yourself again.

BRIAN: And then? *(Pause).* 'Tis often I be thinking of how we should try to improve our lives. But 'tisn't often anyone has the courage to attempt it.

ÉABHA: In this country, at any rate.

BRIAN: *(Looking at the books).* 'Twould appear things are much better in other countries.

ÉABHA: 'Tis obvious they are. In France, at least.

BRIAN: I wasn't going to say this, but ...

ÉABHA: Please, do.

BRIAN: When I awoke today, I was so happy to be getting out of bed, and when I came out here and got a breath of this fresh air and when I heard the branches swaying ...

ÉABHA: Yes?

BRIAN: I composed a couple of lines.

ÉABHA: Let me hear them.

BRIAN: Well ...

ÉABHA: Please. No need to be embarrassed.

ÉABHA: Luaigh mé an focal 'ealaíontóir'. (*Sos*). Is ealaíontóir tú, a Bhriain. Leis na blianta anuas tá píosaí beaga bídeacha á scríobh agat. Ach bíonn tú gafa leis an oiread san cúraimí gur beag am atá fágtha agat don ní is tábhachtaí.

BRIAN: Is gá dom maireachtáil.

ÉABHA: Beidh na táillí agat a luaithe a fhilleann m'fhear céile.

BRIAN: Ní raibh mé á lorg. *(Sos).* Nach dteastaíonn uait go leanfainn leis an teagasc?

ÉABHA: Teastaíonn, cinnte. Nach bhfuil ag éirí go geal le hAindréas? (*Sos).* Braitheann sé uaidh thú.

BRIAN: Abair leis, má bhíonn sé ag cur mo thuairisce ...

ÉABHA: Agus bíonn ...

BRIAN: Abair leis go bhfeicfidh mé go luath é.

ÉABHA: Nuair a bheidh tú ar fónamh arís.

BRIAN: Agus ansan? (*Sos*). Is minic liom smaoineamh gur chóir dúinn iarracht a dhéanamh ár saol a fheabhsú. Ach ní minic a bhíonn sé de mhisneach ag éinne triail a bhaint as.

ÉABHA: Sa tír seo, ar aon nós.

BRIAN: *(Ag breathnú ar na leabhair).* Is léir go bhfuil cúrsaí níos fearr i dtíortha eile.

ÉABHA: Is léir go bhfuil. Sa Fhrainc, ar a laghad.

BRIAN: Ní raibh mé chun é seo a rá, ach ...

ÉABHA: Abair é, le do thoil.

BRIAN: Nuair a dhúisigh mé inniu, bhí an oiread san ríméid orm éirí aníos as an leaba, agus nuair a tháinig mé amach anso agus nuair a fuair mé boladh an aeir úir seo agus nuair a chuala mé na duilleoga ag luascadh ...

ÉABHA: 'Sea?

BRIAN: Chum mé cúpla líne.

ÉABHA: Lig dom iad a chloisint.

BRIAN: Bhuel ...

ÉABHA: Le do thoil. Ná bíodh náire ort.

BRIAN: Well, all right:

Above me the boughs sagged and creaked;
beside me swathes of grass and reeds
flourished alongside flowers and wort
that would banish the darkest doleful thought.

Reluctantly, ÉABHA claps her hands.

BRIAN: I was hoping you'd like them. *(Pause).* You did like them, didn't you?

ÉABHA: Many's the poet has the habit of writing about nature.

BRIAN: 'Twould appear that that's why I did it, so.

ÉABHA: You did well to compose them.

BRIAN: Éabha, if you have something to say, say it out.

ÉABHA: I thought you were enamoured of the person who stood out from the crowd.

BRIAN: Isn't it clear that I am?

ÉABHA: And, sure isn't every single poet in this part of the country writing poems about nature?

BRIAN: 'Twould appear that they are, but ...

ÉABHA: You're not saying you'd like to be like every other poet?

Enter NÓRA, a scowl on her when she sees ÉABHA. ÉABHA stands.

BRIAN: This is the woman I mentioned earlier.

ÉABHA: I recognise you. You're Nóra, are you not?

NÓRA: That's right. Nóra Nic Mhathúna.

ÉABHA: The same Nóra that was working for the De Búrca family?

NÓRA: I got fed up of them.

ÉABHA: *(Sarcastically).* That's right! You got fed up of them!

NÓRA gets the pot and throws the herbs into it. ÉABHA looks into it, disgusted.

BRIAN: Bhuel, tá go maith:

Bhí duilliúr craobh ar ghéaga im' thimpeall,
Fiorthann is féar go slaodach taobh liom,
Glasra fáis is blátha is luibheanna,
Scaipfeadh chun fáin dá chráiteacht smaointe.

Buaileann ÉABHA a bosa, drogall uirthi.

BRIAN: Bhí mé ag súil go dtaitneodh siad leat. *(Sos).* Thaitin, nár thaitin?

ÉABHA: Is iomaí file a mbíonn de nós aige scríobh faoin dúlra.

BRIAN: Is cosúil gurb in an fáth a ndearna mé é, mar sin.

ÉABHA: Dhein tú éacht iad a chumadh.

BRIAN: A Éabha, má tá rud éigin le rá agat, abair amach é.

ÉABHA: Cheapas gur maith leatsa an duine a sheasann amach ón slua.

BRIAN: Nach léir gur maith?

ÉABHA: Nach bhfuil gach uile fhile sa taobh so tíre ag scríobh dánta faoin dúlra?

BRIAN: Is cosúil go bhfuil, ach ...

ÉABHA: Níl tú ag rá gur mhaith leat a bheith cosúil le gach file eile?

Isteach le NÓRA, strainc uirthi nuair a fheiceann sí ÉABHA. Éiríonn ÉABHA ina seasamh.

BRIAN: Seo í an bhean a luaigh mé níos túisce.

ÉABHA: Aithním tú. Nóra an t-ainm atá ort, nach ea?

NÓRA: 'Sea. Nóra Nic Mhathúna.

ÉABHA: An Nóra chéanna a bhíodh ag obair do Mhuintir De Búrca?

NÓRA: D'éirigh mé bréan díobh.

ÉABHA: *(Go goibéalta).* 'Sea! D'éirigh tú bréan díobh!

Faigheann NÓRA an pota is caitheann sí na luibheanna isteach ann. Breathnaíonn ÉABHA isteach ann, déistin uirthi.

ÉABHA: I'll bring you a small bite to eat when I return tomorrow.

BRIAN: You'll return tomorrow?

ÉABHA: Isn't that what I said. *(In a whisper).* Between ourselves, I don't see why you'd be writing about nature when you're surrounded by so many interesting characters.

ÉABHA exits. Blackout. Exeunt BRIAN and NÓRA.

ÉABHA: Tabharfaidh mé greim beag bia le n-ithe liom nuair a fhillfidh mé amárach.

BRIAN: Fillfidh tú amárach?

ÉABHA: Nach in a dúirt mé. *(I gcogar).* Ní thuigim cad 'na thaobh go mbeifeá ag scríobh faoin dúlra agus an oiread san carachtar suimiúil thart ort.

Amach le HÉABHA. Múchtar na soilse. Amach le BRIAN agus NÓRA.

SCENE EIGHT

The Plain

Morning

Low lights are brought up on THE PRIEST *who's upstage, saying mass,* THE TOWNSPEOPLE, NÓRA *and* PÁID *among them, gathered in front of him.*

THE PRIEST: *Justorum animae in manu Dei sunt: et non tanget illos tormentum malitiae. Visi sunt oculis insipientium mori: illi autem sunt in pace. Alleluia, alleluia.*

Lights are brought up on TADHG *and* ÚNA *who are downstage at the mouth of the cave.* TADHG *presents* ÚNA *with a piece of silk.*

ÚNA: It's beautiful. What is it?

TADHG: They say 'tis a piece of silk.

ÚNA: You'll get a good price for it, so.

TADHG: The women of the town be wearing its like. *(Pause).* 'Tis a gift.

ÚNA: For me, is it? But I'm not a woman of the town.

TADHG: Too true! You're much more clever than any of them.

ÚNA: We understand each other, so?

TADHG: 'Tis well I understand the life you have chosen.

ÚNA: And I yours.

TADHG: And we not depending on anyone.

ÚNA: Apart from ourselves.

TADHG: Strange the way everyone be depending on someone else.

ÚNA: When all they have to do is depend on themselves.

Radharc a hOcht

An Machaire

Maidin

Ardaítear soilse ísle ar An Sagart *agus é i mbun aifrinn i gcúl an stáitse,* Muintir an Bhaile, Nóra *agus* Páid *ina measc, bailithe os a chomhair amach.*

An Sagart: *Justorum animae in manu Dei sunt: et non tanget illos tormentum malitiae. Visi sunt oculis insipientium mori: illi autem sunt in pace. Alleluia, alleluia.*

Ardaítear na soilse ar Thadhg *agus* Úna, *iad chun tosaigh ag béal na pluaise. Bronnann* Tadhg *píosa síoda ar* Úna.

Úna: Tá sé go haláinn. Cad tá ann?

Tadhg: Deirtear gur píosa síoda é.

Úna: Gheobhaidh tú praghas maith air, mar sin.

Tadhg: Bíonn a leithéid á caitheamh ag mná an bhaile. (*Sos*). Bronntanas atá ann.

Úna: Domsa, an ea? Ach ní bean bhaile mé.

Tadhg: Tá an ceart agat. Tá tú i bhfad níos cliste ná iadsan.

Úna: Tuigimid a chéile, mar sin.

Tadhg: Is maith a thuigimse an saol atá roghnaithe agat.

Úna: Agus agatsa.

Tadhg: Nílimid ag brath ar éinne.

Úna: Seachas orainn féin.

Tadhg: Nach aisteach an tslí a mbíonn gach éinne ag brath ar dhuine éigin eile.

Úna: Nuair nach gá dóibh ach brath orthu féin.

TADHG: That's the human race for you.

ÚNA: Always in need of something.

She folds the silk and places it in the cave.

TADHG: And always will be. *(Pause).*

ÚNA: But not you, Tadhg?

TADHG: Out on the boat every day, why would I want for anything? And all the interesting people I meet in the town. You should come with me one of the days. On a trip.

ÚNA: Don't I be going back and forth across the lake with you every second day?

TADHG: Wouldn't you like to see the town?

ÚNA: After you telling me about all the dirt that does be thrown about: rivers of piss flowing down the streets; people inside in the ale house, they drinking and vomiting at the same time.

TADHG: You're sure about that?

ÚNA: Definitely, sure.

They lie down, courting. Lights are dimmed on them so that they can still be seen as THE PRIEST *delivers the following. Lights are brought up on* THE PRIEST *as he delivers his sermon.*

THE PRIEST: And members of this parish be engaging in it. At times it does be hard to believe the stories that be heard. There's one woman in particular – I won't name her, but ye will well understand who I mean, who practises pagan rituals and who never comes to mass. And another woman who does be stretched on the road near to Gaurus, without a stitch of clothes on her, she servicing the men of the parish. I'll tell ye one thing: the souls of these women and their like will be damned forever. And, men, remember this: any of ye who are lost with a mortal sin on yer soul, will have to suffer the fires of hell. Remember this the next time a woman leads ye into temptation.

TADHG: Sin an cine daonna duit.

ÚNA: Rud éigin i gcónaí á éileamh acu.

Filleann sí an síoda agus cuireann isteach sa phluais é.

TADHG: Is beidh go brách. (*Sos*).

ÚNA: Ach, ní tusa, a Thaidhg?

TADHG: Amuigh ar an mbád gach uile lá, cad eile a bheadh uaim? Agus na daoine suimiúla a chastar orm ar an mbaile mór. Ba chóir duitse teacht in éineacht liom lá éigin. Ar thuras.

ÚNA: Nach mbím ag dul siar is aniar thar an loch in éineacht leat gach re lá?

TADHG: Nár mhaith leat an baile mór a fheiceáil?

ÚNA: Tar éis duitse a insint dom faoin salachar uile a bhíonn caite thart ann: aibhneacha fuail ag sní thar na sráideanna; daoine istigh sa teach tábhairne ag ól agus ag caitheamh aníos ag an am céanna.

TADHG: 'Bhfuil tú cinnte faoi sin?

ÚNA: Cinnte, dearfa.

Luíonn siad síos, iad ag suirí le chéile. Íslítear na soilse orthu sa treo gur féidir iad a fheiceáil fós le linn an mhéid seo a leanas a bhíonn le rá ag AN SAGART. *Ardaítear na soilse ar* AN SAGART *agus é i mbun seanmóra.*

AN SAGART: Agus bíonn sé ar siúl ag muintir an pharóiste seo. Uaireanta is deacair na scéalta a bhíonn le cloisint a chreidiúint. Tá bean áirithe ann – ní ainmneoidh mé í, ach tuigfidh sibh go maith cé atá i gceist agam – a chleachtann nósanna páganacha agus nach dtagann ariamh chuig an aifreann. Agus bean eile, a bhíonn sínte ar an mbóthar lámh le Gárus, gan greim éadaigh uirthi, í ag freastal ar fhir an pharóiste. Déarfaidh mé rud amháin libh: beidh anamacha na mban so agus a leithéidí damanta go deo. Agus, a fheara, cuimhnígí: éinne agaibh a chaillfear agus peaca marfach ar bhur n-anam, beidh air tinte ifrinn a fhulaingt. Cuimhnígí air seo an chéad uair eile a ligeann bean i gcathú sibh.

Lights are raised on ÚNA *and* TADHG *and are dimmed on* THE PRIEST.

THE PRIEST: *Gloriosus Deus in sanctis suis: mirabilis in majestate, faciens prodigia. Gloria Patri, et Filio, et Spiritui Sancto. Amen.*

ÚNA: You'll drink a drop of milk?

TADHG: I will, surely.

ÚNA: Those things we were talking on earlier ...

TADHG: What about them?

ÚNA: I love it here. And the work I be at.

TADHG: And I do be fond of me boat and me work. But 'tis nice to have company now and again.

ÚNA: 'Tis.

Lights are extinguished on TADHG *and* ÚNA. *Lights are brought up on the crowd as they disperse after mass,* THE PRIEST *following* NÓRA. *Exeunt everyone else.*

THE PRIEST: Nóra, 'tis a long time since you made your your confession to me.

NÓRA: Ara, musha, Father, I have no sin to tell you.

THE PRIEST: Are you sure about that?

NÓRA: I am. Certainly sure. Musha, if I was telling a lie, wouldn't that be a sin?

THE PRIEST: Have you anything else to tell me?

NÓRA: *(Becoming bold).* What is it you would like to hear?

THE PRIEST: Is there anything you need to tell me?

NÓRA: I'd love if there was: 'tis a long time since I lay with a man. Too long.

THE PRIEST: Are you sure about that? You haven't led any man astray?

NÓRA: Had I led any man astray, wouldn't I know it?

Ardaítear na soilse ar ÚNA agus TADHG agus íslítear na soilse ar AN SAGART.

AN SAGART: *Gloriosus Deus in sanctis suis: mirabilis in majestate, faciens prodigia. Gloria Patri, et Filio, et Spiritui Sancto. Amen.*

ÚNA: 'Ólfaidh tú braon bainne?

TADHG: Ólfaidh, cinnte.

ÚNA: Na nithe sin a rabhamar ag caint orthu níos túisce ...

TADHG: Cad fúthu?

ÚNA: Is breá liom an áit seo. Agus an obair a bhíonn idir lámha agam.

TADHG: Agus is breá liomsa mo bhádsa agus mo chuid oibre leis. Ach is deas comhluadar a bheith agam ó am go chéile.

ÚNA: Is deas.

Íslítear na soilse go hiomlán ar THADHG agus ÚNA. Ardaítear na soilse ar an slua, iad ag scaipeadh tar éis an aifrinn, AN SAGART sa tóir ar NÓRA. Amach le gach éinne eile.

AN SAGART: A Nóra, is fada ó dhein tú faoistin liom.

NÓRA: Dhera, muise, a Athair, níl aon pheaca agam le hinsint duit.

AN SAGART: 'Bhfuil tú cinnte faoi sin?

NÓRA: Tá. Cinnte dearfa. Muise, dá mbeinn ag insint bréige, nár pheaca é sin?

AN SAGART: 'Bhfuil aon ní eile agat le hinsint dom?

NÓRA: *(Ag éirí dána).* Cad ba mhaith leat a chloisint?

AN SAGART: 'Bhfuil aon ní nach foláir duit a insint dom?

NÓRA: Ba bhreá liom dá mbeadh: is fada an lá ó luigh mé le fear. Rófhada.

AN SAGART: 'Bhfuil tú cinnte faoi sin? Níor mheall tú aon fhear?

NÓRA: Dá meallfainn, nach mbeadh a fhios agam é?

THE PRIEST: There be rumours doing the rounds.

NÓRA: A holy man like yourself doesn't be listening to rumours, surely?

THE PRIEST: I hear only the truth.

NÓRA: Don't be thinking that anyone tells you the truth, Father.

Blackout. Exeunt.

AN SAGART: Bíonn ráflaí ag dul thart.

NÓRA: Ní bhíonn fear naofa mar thusa ag éisteacht le ráflaí, an mbíonn?

AN SAGART: Ní chloisim ach an fhírinne.

NÓRA: Ná bí ag ceapadh go n-insíonn éinne an fhírinne duitse, a Athair.

Múchtar na soilse. Amach leo.

Scene Nine

The Plain

Dusk

Lights are brought up on BRIAN *sitting by the lake. Enter* ÉABHA, *carrying a basket in which there are books.*

ÉABHA: Isn't it nice to see you up and about again?

BRIAN: It's nice to be able to come back down here.

ÉABHA: Did you make a start on those books yet?

BRIAN: Not yet. You're not waiting for them, are you?

ÉABHA: You can keep them.

BRIAN: I'll give them back to you inside another day or two.

ÉABHA: You'll have them read inside a day or two? You are more clever than I thought.

BRIAN: I well understand you didn't like the lines I composed the other day.

ÉABHA: Is that so?

BRIAN: Did you see the moon last night?

ÉABHA: I did.

BRIAN: It was so bright. And all the stars like tiny buttons of light.

ÉABHA: And did a line or two occur to you?

BRIAN: It did not. *(Pause).* I thought of this woman. She coming towards me, ghostlike, as though she were a woman in an *aisling*.

ÉABHA: Don't tell me you're thinking of writing an *aisling*?

BRIAN: That's not what I meant at all but, even if it were, what harm?

An Machaire

Clapsholas

Ardaítear na soilse ar BHRIAN, é ina shuí cois locha. Isteach le hÉABHA, ciseán ina bhfuil leabhair ar iompar aici.

ÉABHA: Nach deas tú a fheiceáil ar fónamh arís?

BRIAN: Is deas a bheith in ann teacht anuas anso arís.

ÉABHA: Ar thosnaigh tú ar na leabhair sin fós?

BRIAN: Níor thosnaigh mé orthu, fós. Níl tú ag fanacht orthu, an bhfuil?

ÉABHA: Féadfaidh tú iad a choimeád.

BRIAN: Tabharfaidh mé ar ais duit iad laistigh de lá nó dhó eile.

ÉABHA: Beidh siad léite agat laistigh de lá nó dhó? Tá tú níos cliste ná mar a cheapas.

BRIAN: Tuigim go maith nár thaitin na línte a chum mé leat an lá cheana.

ÉABHA: Mar sin é?

BRIAN: 'Bhfaca tú an ghealach aréir?

ÉABHA: Chonaic.

BRIAN: Bhí sí chomh geal san. Agus na réalta mar a bheadh cnaipí beaga solais.

ÉABHA: Agus ar rith líne nó dhó leat?

BRIAN: Níor rith. (*Sos*). Smaoinigh mé ar an mbean so. Í ag gluaiseacht im' threo, go síofrúil, mar a bheadh bean aislinge.

ÉABHA: Ná habair go bhfuil sé ar intinn agat aisling a scríobh?

BRIAN: Ní hin a bhí i gceist agam in aon chor ach, fiú dá mba ea, cén dochar?

ÉABHA: What good is in those *aislings*? Some class of a ghost telling the poor poet that foreign aid be on its way to this country?

BRIAN: The poets live in hope, 'twould appear, of returning to the old days.

ÉABHA: What's past is past. We must look to the future. To the days that lie ahead of us.

BRIAN: And what are those days? What lies ahead of us?

ÉABHA: Only God knows that!

BRIAN: How's life in the Big House? With bands of serving girls to wait upon your every need?

ÉABHA: 'Tis an easy life, I must admit.

BRIAN: Éabha, could you live without it?

ÉABHA: How do you mean?

BRIAN: Could you survive were you to have to attend to your own needs?

ÉABHA: Don't I have previous experience of that life?

BRIAN: Could you return to it?

ÉABHA: 'Tis time I was going.

BRIAN: You didn't answer my question.

ÉABHA: Enjoy the books. *(Pause).* And the composing.

BRIAN: 'Tis hard understanding you: one day you say you don't like poems about nature; the next day you say you don't like the *aisling*. What about love poems? Don't you like them either?

ÉABHA: What good are love poems?

BRIAN: To prove love, to show love.

ÉABHA: Only a dreamer would say the like of that.

BRIAN: If you're a dreamer, you can make things happen, and you thinking about them, believing in them.

ÉABHA: Aren't you the innocent man! *(Pause).* Isn't that why I'm so fond of you!

ÉABHA: Cén mhaitheas atá sna haislingí sin? Taibhse éigin ag insint don bhfile bocht go bhfuil cabhair ghallda ar a bealach chun na tíre seo?

BRIAN: Bíonn dóchas ag na filí, is cosúil, filleadh ar na seanlaethanta.

ÉABHA: An rud atá thart, tá sé thart. Ní mór féachaint chun tosaigh. Ar na laethanta atá amach romhainn.

BRIAN: Agus cad iad na laethanta san? Cad tá amach romhainn?

ÉABHA: Ag Dia amháin atá a fhios san!

BRIAN: Conas tá an saol sa Teach Mór? Leis na buíonta de chailíní aimsire, chun freastal ar gach aon ní atá uait?

ÉABHA: Saol bog atá ann, ní mór dom a admháil.

BRIAN: A Éabha, an bhféadfá maireachtáil gan é?

ÉABHA: Cad tá i gceist agat?

BRIAN: An bhféadfá maireachtáil agus tú i mbun do chúraimí féin?

ÉABHA: Nach bhfuil seantaithí agam ar an saol san?

BRIAN: An bhféadfá filleadh air?

ÉABHA: Tá sé in am dom imeacht.

BRIAN: Níor fhreagair tú mo cheist.

ÉABHA: Bain taitneamh as na leabhair. (*Sos*). Agus as an gcumadóireacht.

BRIAN: Is deacair tú a thuiscint: lá amháin deir tú nach maith leat dánta faoin dúlra; an chéad lá eile deir tú nach maith leat an aisling. Cad faoi dhánta grá? Nach maith leat iadsan ach an oiread?

ÉABHA: Cad is fiú dánta grá?

BRIAN: Chun grá a chruthú, chun grá a thaispeáint.

ÉABHA: Ní dhéarfadh ach aislingeach a leithéid.

BRIAN: Más aislingeach tú is féidir rudaí a chur ar siúl, agus tú ag smaoineamh orthu, ag creidiúint iontu.

ÉABHA: Nach soineanta an fear tú! (*Sos*). Nach in an fáth a bhfuil mé chomh ceanúil sin ort!

BRIAN: Love follows fondness.

ÉABHA: My husband will be returning soon. 'Twon't be long before his ship drops anchor below at Limerick. (*Pause*). I'll pay for those lessons you gave Aindréas.

BRIAN: I don't want your money.

ÉABHA: I'll leave you these books. 'Tis mostly philosophy that's in them.

ÉABHA presents him with more books.

ÉABHA: And here is a poetry book for you.

BRIAN: Something exceptional, I suppose.

ÉABHA: Exceptional enough. Poems of longing are what's in it.

BRIAN: Of longing!

ÉABHA: Aren't they the most interesting poems?

BRIAN: About what you be missing?

ÉABHA: Imagine, were you to be happy, what sort of rubbish would you write?

Exit ÉABHA towards the gate. BRIAN waits on stage, uttering:

BRIAN: I saw the well-mannered Shee-Woman leaving me in the misty night.

BRIAN shakes his head. Blackout. He exits.

INTERVAL

BRIAN: Leanann an grá an cion.

ÉABHA: Beidh m'fhear céile ag filleadh go luath. Is gearr go mbeidh a long ar ancaire thíos ag Luimneach. (*Sos*). Íocfaidh mé as na ceachtanna san a thug tú d'Aindréas.

BRIAN: Níl d'airgead uaim.

ÉABHA: Fágfaidh mé na leabhair seo agat. Fealsúnacht is mó atá iontu.

Dáileann ÉABHA leabhair eile air.

ÉABHA: Agus seo leabhar filíochta duit.

BRIAN: Rud éigin eisceachtúil, is dócha.

ÉABHA: Eisceachtúil go leor. Dánta faoin mianchumha atá iontu.

BRIAN: Faoin mianchumha!

ÉABHA: Nach iadsan na dánta is suimiúla?

BRIAN: Faoina mbraitheann tú uait?

ÉABHA: Smaoinigh, dá mbeifeá sona, cén saghas raiméise a scríobhfá?

Amach le hÉABHA i dtreo an gheata. Fanann BRIAN ar an stáitse ag rá:

BRIAN: Chonaic mé an tsíbhean mhíonla bhéasach ag imeacht uaim faoi cheo na hoíche.

Croitheann BRIAN a cheann. Múchtar na soilse. Amach leis.

BRISEADH

Act Two

Scene One

Úna's Cave

Evening

Lights are brought up on TADHG and ÚNA as they kiss.

TADHG: Would you like anything from the town?

ÚNA: I wouldn't, thank you.

TADHG: More silk?

ÚNA: Out of my sight with you!

TADHG: Will I see you tomorrow?

ÚNA: You will.

Exit TADHG. Enter NÓRA, doubled over in pain. ÚNA runs towards her and helps her sit.

ÚNA: What is it you've done?

NÓRA: Why is it you have no children yourself?

ÚNA: What is it you've drunk?

NÓRA: I'm not sure. Oh, Úna, please help me.

ÚNA: Don't tell me you've taken medicine from that old hag, Cití na gCearc! (*Pause*). Lie down here.

NÓRA lies down and ÚNA examines her.

Gníomh a Dó

Radharc a hAon

Pluais Úna

Tráthnóna

Ardaítear na soilse ar THADHG agus ÚNA agus iad ag pógadh.

TADHG: Ar mhaith leat aon ní ón mbaile mór?

ÚNA: Níor mhaith, go raibh maith agat.

TADHG: Tuilleadh síoda?

ÚNA: Gread leat as mo radharc!

TADHG: Feicfidh mé amárach thú?

ÚNA: Feicfidh.

Amach le TADHG. Isteach le NÓRA, í cromtha, pianta uirthi. Ritheann ÚNA chuici agus cabhraíonn léi suí.

ÚNA: Cad tá déanta agat?

NÓRA: Cad 'na thaobh nach bhfuil aon pháistí agat féin?

ÚNA: Cad a d'ól tú?

NÓRA: Níl a fhios agam. Ó, a Úna, cabhraigh liom, le do thoil.

ÚNA: Ná habair gur ghlac tú cógas ón tseanchailleach san, Cití na gCearc! (*Sos*). Luigh síos anso.

Luíonn NÓRA síos agus scrúdaíonn ÚNA í.

ÚNA: You have, haven't you?

NÓRA: You have a man yourself, yet I've never seen you with child.

ÚNA: 'Twas a yellow liquid she gave you, wasn't it?

NÓRA: 'Twas.

ÚNA: Lie back there for a while and rest.

NÓRA: I can't.

NÓRA tries to get up but ÚNA puts her sitting.

NÓRA: I have work to do. *(Pause).* Give me some medicine, Úna, please.

ÚNA: Lie back, Nóra Rua.

NÓRA: Úna Mhór!

ÚNA: You're lucky: no harm has been done to the child. But do not attempt anything else. And do not return to that Cití. If I hear that you did ...

NÓRA: I won't.

ÚNA gives her a small bottle.

ÚNA: Take a drop of this now, straight away.

NÓRA does as she is told.

ÚNA: And again before you go to sleep. And again in the morning.

NÓRA: And again and the sun high in the sky. *(Pause).* What is it that ails me?

ÚNA: Nothing. Apart from the diarrhoea.

NÓRA: I have it since morning.

ÚNA: I hope you've learnt your lesson.

NÓRA: I have. *(Pause).* Are you sure about the child?

ÚNA: Be thankful there's nothing wrong with him, or her.

NÓRA: I was ... I thought ...

ÚNA: Ghlac, nár ghlac?

NÓRA: Tá fear agat féin ach ní fhaca mé torrach ariamh tú.

ÚNA: Leacht buí a thug sí duit, an ea?

NÓRA: Sea.

ÚNA: Luigh siar ansan ar feadh tamaill agus lig do scíth.

NÓRA: Ní féidir liom.

Déanann NÓRA iarracht éirí ach cuireann ÚNA ina suí í.

NÓRA: Tá obair le déanamh agam. (*Sos*). Tabhair cógas dom, a Úna, le do thoil.

ÚNA: Luigh siar, a Nóra Rua.

NÓRA: A Úna Mhór!

ÚNA: Tá an t-ádh leat: ní dhearnadh aon dochar don leanbh. Ach ná bain triail as aon ní eile. Agus ná fill ar an gCití sin arís. Má chloisim gur fhill ...

NÓRA: Ní fhillfidh mé.

Tugann ÚNA buidéal beag di.

ÚNA: Glac braon de seo anois láithreach.

Déanann NÓRA amhlaidh.

ÚNA: Agus arís sula dtéann tú a chodladh. Arís ar maidin.

NÓRA: Agus arís agus an ghrian go hard sa spéir. (*Sos*). Cad é go díreach atá orm?

ÚNA: Faic. Seachas buinneach.

NÓRA: Tá sí orm ó mhaidin.

ÚNA: Súil agam go bhfuil ceacht foghlamtha agat.

NÓRA: Tá. (*Sos*). 'Bhfuil tú cinnte faoin leanbh?

ÚNA: Bí buíoch nach bhfuil faic cearr leis, nó léi.

NÓRA: Bhí mé ... cheap mé ...

ÚNA: Don't be thinking anything from now on. You're carrying a small innocent child. Look after it.

NÓRA: I'm running out of time, Úna. The more I minister to Brian, the more he ignores me.

ÚNA: You did as I told you to?

NÓRA: I've tried every device. I even left the cabbage under me bed.

ÚNA: What else?

NÓRA: That Brian is too clever.

ÚNA: Didn't I tell you that?

NÓRA: Is it that you think I'm not good enough for him?

ÚNA: The likes of Brian have their ways about them.

NÓRA: Yes, airs and graces, he thinking he can beguile the most noble woman in the district.

ÚNA: There are more than the same Brian in the district.

NÓRA: But himself be the best man, the strongest.

ÚNA: What about the child's father?

NÓRA: The blackguard!

ÚNA: Who is it?

NÓRA: What's wrong with me that I've not been chosen?

ÚNA: Who is it?

NÓRA: I'm not sure.

ÚNA: You're not sure?

NÓRA: It happened one night and I drunk. In the ale house ...

ÚNA: In the ale house, Nóra?

NÓRA: I was drinking ale. After the races it happened. There were two of them in it. Their pockets full of money. They buying and buying for me. Then I fell asleep and when I awoke the next day ... the harm had been done.

ÚNA: Who are they?

ÚNA: Ná bí ag ceapadh faic amach anso. Tá leanbh beag soineanta ar iompar agat. Tabhair aire dó.

NÓRA: Níl mórán ama fágtha agam, a Úna. Dá mhéad a dhéanaim do Bhrian is ea is mó a dhéanann seisean neamhaird díom.

ÚNA: Dhein tú faoi mar a mhol mé duit?

NÓRA: Bhain mé triail as gach aon seift. D'fhág mé an cabáiste faoi mo leaba, fiú.

ÚNA: Cad eile?

NÓRA: Tá an Brian san róchliste.

ÚNA: Nár dhúirt mé leat é?

NÓRA: An é go gceapann tú nach bhfuil mé sách maith dó?

ÚNA: Bíonn nósanna ag leithéidí Bhriain.

NÓRA: Sea, ardnósanna, é ag ceapadh gur féidir leis an bhean is uaisle sa cheantar a mhealladh.

ÚNA: Tá níos mó ná an Brian céanna sa cheantar.

NÓRA: Ach eisean an duine is fearr, is láidre.

ÚNA: Cad faoi athair an linbh?

NÓRA: An bligeard!

ÚNA: Cé hé féin?

NÓRA: Cá bhfuil mo locht nár toghadh mé?

ÚNA: Cé hé féin?

NÓRA: Nílim cinnte.

ÚNA: Níl tú cinnte?

NÓRA: Tharla sé oíche amháin agus mé ólta. Sa bhothán ósta ...

ÚNA: Sa bhothán ósta, a Nóra?

NÓRA: Bhí mé ag ól leanna. Tar éis na rásaí a tharla sé. Bhí beirt díobh ann. A bpócaí lán le hairgead. Iad ag ceannach agus ag ceannach dom. Ansan thit mo chodladh orm agus nuair a dhúisíos an chéad lá eile ... bhí an dochar déanta.

ÚNA: Cé hiad féin?

NÓRA: I never saw them again. (*Pause*). Do you think Brian would be interested in me had I not been defiled?

ÚNA: How would I know what he be thinking?

NÓRA: I don't want any other man.

ÚNA: I could think of one or two that'd suit well enough.

NÓRA: Didn't you hear what I said?

ÚNA: Loud and clear.

NÓRA: I'm not going to let Brian slip away from me that easily. I'll give him one more chance.

NÓRA catches a glimpse of the silk.

NÓRA: What is this beautiful thing?

ÚNA: You can have it, if you like it.

NÓRA: Won't you be needing it yourself?

ÚNA: I'm not to be married ... before the end of the month.

NÓRA: It must have cost a lot of money.

ÚNA: Let it be a solace to you.

NÓRA: Thank you, Úna. Thank you so much.

ÚNA: Off you go, then. Don't you have meals to prepare and a house to put in order?

Exit ÚNA through the mouth of the cave. Exit NÓRA. Blackout.

NÓRA: Ní fhaca mé arís iad. (*Sos*). An dóigh leat go mbeadh suim ag Brian ionam ach amháin gur truaillíodh mé?

ÚNA: Conas a bheadh a fhios agamsa cad a bhíonn á cheapadh aige?

NÓRA: Níl aon fhear eile uaim.

ÚNA: D'fhéadfainn smaoineamh ar dhuine nó beirt a d'oirfeadh go maith.

NÓRA: Nár chuala tú cad a dúras?

ÚNA: Go glan soiléir.

NÓRA: Níl mé chun ligean do Bhrian sleamhnú uaim. Tabharfaidh mé seans amháin eile dó.

Faigheann NÓRA spléachadh den síoda.

NÓRA: Cad é an rud álainn seo?

ÚNA: Bíodh sé agat, más mian leat é.

NÓRA: Nach bhfuil sé uait féin?

ÚNA: Níl mise le pósadh ... roimh dheireadh na míosa.

NÓRA: Ní foláir ná gur chosain sé mórchuid airgid.

ÚNA: Bíodh sé mar shólás agat.

NÓRA: Go raibh maith agat, a Úna. Go raibh míle maith agat.

ÚNA: Ar aghaidh leat, mar sin. Nach bhfuil béilí le hullmhú agus teach le réiteach agat?

Isteach sa phluais le hÚNA. Amach le NÓRA. Múchtar na soilse.

SCENE TWO

Brian's House

Night

Lights are brought up on BRIAN. He takes up the fiddle and starts playing. Then he leaves it down. He stands and recites the following lines that he's composing.

BRIAN: I looked around at the Stately Queen;
my heart grew weak when she had finished.

BRIAN walks up and down impatiently. Enter NÓRA. He glowers at her.

NÓRA: Sorry to be late, Brian. I'll have your supper prepared without delay.

BRIAN: I was going to speak to you about that.

NÓRA: Soup it'll be tonight. But tomorrow I'll ask Páid to catch me a rabbit.

BRIAN: Thank you, but ...

NÓRA: There's nothing wrong, is there?

BRIAN: You looked after me and I ill.

NÓRA: Weren't you lucky that I was here!

BRIAN: I feel much better now.

NÓRA: 'Twill take another while before you're back on your feet.

BRIAN: Maybe, but I can feel myself getting better now.

NÓRA: Even if that's the case, don't you need a woman?

BRIAN: We spoke about this before.

NÓRA: And I'll bake fresh bread for you in the morning.

BRIAN: Nóra, I don't want a woman.

NÓRA: Perhaps you don't need a wife, but isn't it clear you need a woman to keep the place clean, to prepare the food ...

RADHARC A DÓ

Teach Bhriain

Oíche

Ardaítear na soilse ar BHRIAN. Glacann an fhidil chuige féin agus tosaíonn ag seinm. Cuireann sé uaidh ansin í. Seasann sé agus deireann amach na línte seo a leanas atá á gcumadh aige.

BRIAN: Bhreathnaigh mé cruinn an ríon réaltach.
Lagaigh mo chroí le linn bheith réidh di.

Siúlann BRIAN suas síos go mífhoighneach. Isteach le NÓRA. Caitheann sé drochshúil uirthi.

NÓRA: Brón orm a bheith mall, a Bhriain. Beidh do shuipéar réitithe agam duit gan mhoill.

BRIAN: Bhí mé ar tí labhairt leat faoi sin.

NÓRA: Anraith a bheidh agat anocht. Ach amárach iarrfaidh mé ar Pháid coinín a fháil dom.

BRIAN: Go raibh maith agat, ach ...

NÓRA: Níl faic cearr, an bhfuil?

BRIAN: Thug tú aire dom agus mé breoite.

NÓRA: Nach raibh an t-ádh ort go raibh mé anso.

BRIAN: Braithim i bhfad níos fearr anois.

NÓRA: Tabharfaidh sé tamaillín eile ort sula mbeidh tú ar fónamh.

BRIAN: B'fhéidir é, ach braithim go bhfuil biseach ag teacht orm anois.

NÓRA: Fiú, más fíor é sin, fós nach bhfuil bean uait?

BRIAN: Labhraíomar faoi seo cheana.

NÓRA: Agus déanfaidh mé arán úr a bhácáil duit ar maidin.

BRIAN: A Nóra, níl bean uaim.

NÓRA: B'fhéidir nach bhfuil bean chéile uait, ach nach léir go bhfuil bean ag teastáil anso chun an áit a choimeád glan, chun an bia a réiteach ...

BRIAN: I was always able to look after myself.

NÓRA: Your home has that appearance, surely.

BRIAN: Only for the accident.

NÓRA: Who's to know when the next accident will befall you?

BRIAN: I'm very grateful for the help you've given me this past while.

NÓRA: If you were grateful to me, you wouldn't be showing me the road now.

BRIAN: You were there when I needed help.

NÓRA: Don't be expecting that noblewoman to look after you.

BRIAN: Nóra, will you leave now? I will pay you for the work that you've done.

NÓRA: What work might that be?

BRIAN: The cooking. The cleaning.

NÓRA: And the other things?

BRIAN: What other things?

NÓRA: You know well what I mean.

BRIAN: Are you accusing me of something?

NÓRA: Don't you remember the other night?

BRIAN: What night might that be?

NÓRA: The other night when ... 'tis difficult to say this.

BRIAN: Say it out.

NÓRA: Don't you remember what happened?

BRIAN grabs hold of NÓRA.

BRIAN: Let there be an end to this now, for once and for all.

NÓRA: You'll be sorry.

BRIAN: I'm warning you now.

NÓRA: And my money?

BRIAN: You'll get it tomorrow.

NÓRA collects her belongings and exits in a temper. BRIAN continues to walk up and down impatiently. He exits towards the lake. Blackout.

BRIAN: Bhí mé ariamh in ann aire a thabhairt dom féin.

NÓRA: Tá an chosúlacht san ar do theachsa, ceart go leor.

BRIAN: Murach an timpiste.

NÓRA: Cá bhfios cathain a bhainfidh an chéad timpiste eile duit?

BRIAN: Tá mé fíorbhuíoch díot as an gcabhair a thug tú dom le tamall beag anuas.

NÓRA: Dá mbeifeá buíoch díom, ní bheifeá ag tabhairt an bhóthair dom anois.

BRIAN: Bhí tú ann dom nuair a bhí cabhair uaim.

NÓRA: Ná bí ag ceapadh go dtabharfaidh an bhean uasal san aire duit.

BRIAN: A Nóra, an imeoidh tú anois díreach? Íocfaidh mé as an obair a dhein tú.

NÓRA: Cén obair í sin?

BRIAN: An chócaireacht. An glanadh.

NÓRA: Agus na nithe eile?

BRIAN: Cé na nithe eile?

NÓRA: Tuigeann tú go maith cad tá i gceist agam.

BRIAN: An bhfuil tú ag cur rud éigin im' leith?

NÓRA: Nach cuimhin leat an oíche cheana?

BRIAN: Cén oíche í sin?

NÓRA: An oíche úd nuair a ... is deacair é seo a rá.

BRIAN: Abair amach é.

NÓRA: Nach cuimhin leat an méid a tharla?

Beireann BRIAN ar NÓRA.

BRIAN: Bíodh deireadh leis seo anois, go huile is go hiomlán.

NÓRA: Beidh aiféala ort.

BRIAN: Tá mé ag tabhairt foláirimh duit anois.

NÓRA: Agus mo chuid airgid?

BRIAN: Gheobhaidh tú amárach é.

Bailíonn NÓRA a giuirléidí agus amach léi go feargach. Leanann BRIAN air ag siúl suas síos go mífhoighneach. Amach leis i dtreo an locha. Múchtar na soilse.

SCENE THREE

By the Lake

Night

Lights are brought up on BRIAN who's strolling by the lake. He sees ÉABHA in the distance, walking in his direction.

BRIAN: Éabha, I wasn't expecting to see you.

ÉABHA: Don't I usually be here? *(Pause).* I've something for you.

BRIAN: More books?

ÉABHA: The fees.

BRIAN: I said I didn't want your money.

ÉABHA: You've earned it.

BRIAN: I'm ashamed to accept it.

ÉABHA: What shame is there in accepting that which you are due?

BRIAN: Is it that you're saying that your man ... himself is after coming home?

ÉABHA: He came home this morning. *(Pause).* You'll be able to get rid of that woman now.

BRIAN: You don't realise how thankful I am.

ÉABHA: You're the best tutor my son ever had.

BRIAN: You're not saying ...

ÉABHA: Himself, or 'your man' as you call him, is talking of returning to France within a couple of days. And of bringing Aindréas and myself with him.

BRIAN: For a little while? A short holiday?

ÉABHA: He is talking of settling beyond ... permanently.

RADHARC A TRÍ

Cois Locha

Oíche

Ardaítear na soilse ar BHRIAN, é ag siúl cois locha. Feiceann sé ÉABHA i gcéin uaidh, í ag siúl ina threo.

BRIAN: A Éabha, ní raibh súil agam tú a fheiceáil anso.

ÉABHA: Nach gnách liom a bheith anso? (*Sos*). Tá rud éigin agam duit.

BRIAN: Tuilleadh leabhar?

ÉABHA: Na táillí.

BRIAN: Dúirt mé nach raibh d'airgead uaim.

ÉABHA: Tá sé tuillte agat.

BRIAN: Tá náire orm glacadh leis.

ÉABHA: Cad 'na thaobh go mbeadh náire ort glacadh lena bhfuil tuillte agat?

BRIAN: An amhlaidh go bhfuil tú ag rá go bhfuil mo dhuine ... seisean tar éis filleadh.

ÉABHA: D'fhill sé maidin inniu. *(Sos).* Beidh tú in ann fáil réidh leis an mbean san anois.

BRIAN: Ní thuigeann tú cé chomh buíoch is atáim.

ÉABHA: Is tú an máistir is fearr dá raibh ariamh ag mo mhac.

BRIAN: Níl tú ag rá ...

ÉABHA: Tá seisean, nó 'mo dhuine' mar a thugann tú air, ag caint ar fhilleadh ar an bhFrainc laistigh de chúpla lá. Agus ar Aindréas agus mé féin, a thabhairt in éineacht leis.

BRIAN: Ar feadh tréimhse? Saoire bheag?

ÉABHA: Tá sé ag caint ar chur faoi ann ... go buan.

BRIAN: Doesn't he spend a lot of time beyond already?

ÉABHA: 'Twould appear he's after buying a *chateau* beyond. For his family.

BRIAN: And you would go to live in France?

ÉABHA: I would.

BRIAN: And yer house here?

ÉABHA: Those matters don't concern me.

BRIAN: Don't you understand?

ÉABHA: What is there to understand?

BRIAN: You can't abandon me here. *(Pause).* When I see you out walking, your basket full of flowers and books, you coming towards me, ghostlike, like a woman in an *aisling* ...

ÉABHA: A woman in an *aisling*!

BRIAN: You don't have to go, Éabha.

ÉABHA: No?

BRIAN: If you wanted to leave ...

ÉABHA: What if I did?

BRIAN: We could leave together.

ÉABHA: And then?

BRIAN: Buy a house and settle down.

ÉABHA: Some place like here? *(Pause).* Not only are you a dreamer, Brian, you are living in *Tír na nÓg*.

BRIAN: Just because himself wants to go to France.

ÉABHA: Sure, maybe I want to go to France, too.

BRIAN: There are other places in this country. Towns. Cities.

ÉABHA: I'm used to one kind of life.

BRIAN: We could build a new life together.

ÉABHA: And that would please you?

BRIAN: Nach gcaitheann sé mórchuid ama thall ann cheana féin?

ÉABHA: Is cosúil go bhfuil sé tar éis *chateau* a cheannach thall. Dá theaghlach.

BRIAN: Agus rachfá chun cónaithe sa Fhrainc?

ÉABHA: Rachainn.

BRIAN: Agus bhur dteach anso?

ÉABHA: Ní bhaineann na cúrsaí sin liom.

BRIAN: Nach dtuigeann tú?

ÉABHA: Cad tá le tuiscint?

BRIAN: Ní féidir leat mé a thréigean anso. *(Sos).* Nuair a fheicim amuigh ag siúl tú, do chiseán lán le leabhair is le bláthanna, tú ag teacht im' threo, go síofrúil, mar a bheadh bean aislinge ...

ÉABHA: Bean aislinge!

BRIAN: Ní gá duit imeacht, a Éabha.

ÉABHA: Nach gá?

BRIAN: Dá dteastódh uait imeacht ...

ÉABHA: Dá dteastódh?

BRIAN: D'fhéadfaimis imeacht le chéile.

ÉABHA: Agus ansan?

BRIAN: Teach a cheannach agus cur fúinn.

ÉABHA: In áit éigin cosúil leis an áit seo. *(Sos).* Ní hamháin gur aislingeach tú, a Bhriain, ach tá cónaí ort i dTír na nÓg.

BRIAN: Díreach mar go dteastaíonn uaidh siúd dul chuig an bhFrainc.

ÉABHA: B'fhéidir go dteastaíonn uaimse dul chuig an bhFrainc chomh maith.

BRIAN: Tá áiteanna eile ins an tír so. Bailte. Cathracha.

ÉABHA: Tá taithí agam ar chineál amháin saoil.

BRIAN: D'fhéadfaimis saol úr a thógáil le chéile.

ÉABHA: Agus thaitneodh san leatsa?

BRIAN: You give me books of philosophy. Rousseau – don't you know what he has to say about marriage?

Horses are heard, a horn, etc.

ÉABHA: What's written in books is true?

BRIAN: Why praise something and then reject its principles?

ÉABHA: Who's to say what I've praised or rejected?

BRIAN: Will you give some thought to what I have said?

ÉABHA moves towards the gate.

BRIAN: Éabha!

ÉABHA: If that's what you want.

BRIAN: Of course it's what I want.

Exit ÉABHA. BRIAN sits by the lake. Lights are brought up as though the morning sun were shining down.

BRIAN: Bronnann tú leabhair fhealsúnachta orm. Rousseau – nach eol duit cad tá le rá aigesean faoin bpósadh?

Cloistear capaill, adharc agus ar aile.

ÉABHA: Is fíor a bhfuil scríofa i leabhair?

BRIAN: Cad 'na thaobh a mholfá rún éigin agus diúltú dá phrionsabail ansan?

ÉABHA: Cé a déarfaidh cad a mhol mé, nó cad ar dhiúltaigh mé dó?

BRIAN: An ndéanfaidh tú machnamh ar a ndúras?

Bogann ÉABHA i dtreo an gheata.

BRIAN: A Éabha!

ÉABHA: Más é sin atá uait.

BRIAN: Cinnte, tá sé uaim.

Amach le hÉABHA. Suíonn BRIAN cois locha. Ardaítear na soilse mar a bheadh grian na maidine ag lonrú anuas.

SCENE FOUR

The Plain

Morning

Enter THE PRIEST. BRIAN is deep in thought.

THE PRIEST: Brian, good to see you back on your feet again. You must be pleased to be up and about.

BRIAN moves away.

THE PRIEST: And more than that, I hear.

BRIAN: What is it you mean?

THE PRIEST: Ah, Brian, there's no need to hide matters from me. I'm your confessor.

BRIAN: A good reason to hide them!

THE PRIEST: I hear you are a man who has needs.

BRIAN: Don't we all have needs, Father?

THE PRIEST: Even if we have, we don't have to yield to them.

BRIAN: Say what it is you have to say.

THE PRIEST: I was speaking to a young woman this morning. A parishioner.

BRIAN: How does that concern me?

THE PRIEST: You know this woman.

BRIAN: Who is it?

THE PRIEST: Nóra Nic Mhathúna is her name. You're not denying that you know her: she was sent to you when you were stretched out in bed; she looked after you; cooked meals for you?

BRIAN: Even if she did, how does that concern you?

THE PRIEST: You have been accused of something.

RADHARC A CEATHAIR

An Machaire

Maidin

Isteach leis AN SAGART. BRIAN ag machnamh go domhain.

AN SAGART: A Bhriain, is deas tú a fheiceáil ar fónamh. Ní mór ná go bhfuil áthas ort a bheith id' shuí arís.

Gluaiseann BRIAN uaidh.

AN SAGART: Agus níos mó ná san, cloisim.

BRIAN: Cad tá i gceist agat?

AN SAGART: Á, a Bhriain, ní gá cúrsaí a cheilt ormsa. Is mise do choinfeasóir.

BRIAN: Cúis mhaith lena gceilt!

AN SAGART: Cloisim gur fear tú a bhfuil riachtanais agat.

BRIAN: Nach bhfuil riachtanais againn go léir, a Athair?

AN SAGART: Fiú má tá, ní gá dúinn géilleadh dóibh.

BRIAN: Abair amach a bhfuil le rá agat.

AN SAGART: Bhí mé ag caint le bean óg ar maidin. Paróisteach liom.

BRIAN: Cén bhaint atá aige sin liomsa?

AN SAGART: Tá aithne agatsa ar an mbean so.

BRIAN: Cé hí féin?

AN SAGART: Nóra Nic Mhathúna is ainm di. Níl tú ag séanadh go bhfuil aithne agat uirthi: cuireadh chugat í nuair a bhí tú sínte; thug sí aire duit; réitigh sí béilí duit?

BRIAN: Fiú má dhein, cén bhaint atá aige sin leatsa?

AN SAGART: Tá rud éigin curtha id' leith aici.

BRIAN: And what might that be?

THE PRIEST: 'Tis difficult to say this out.

BRIAN: 'Tisn't often you have that problem.

THE PRIEST: 'Tis difficult ...

BRIAN: Say it out!

THE PRIEST: There's something ... she says you defiled her.

BRIAN: Damn and blast her to hell!

THE PRIEST: Brian!

BRIAN: And you believed her?

THE PRIEST: Do you deny it?

BRIAN: She had cares to attend to – I don't deny it. She prepared meals and the like. But I intend to pay her for the work she did.

THE PRIEST: Ah! You intend to pay her.

BRIAN: Speak whatever it is you have on your mind.

THE PRIEST: This young woman says that you defiled her and ye in your house alone together.

BRIAN: You're taking her word over mine?

THE PRIEST: I won't stand for the likes of it. To be honest, I recommended to Tadhg not to let her stay there, but he wouldn't listen.

BRIAN: As usual, you're interfering in matters that don't concern you.

THE PRIEST: You employed her. And then you turned her out on the road.

BRIAN: When I was done with her.

THE PRIEST: Yes, that's it, exactly, when you were done with her.

BRIAN: To hell with you too!

THE PRIEST: 'Tis yourself who'll be going there.

BRIAN: 'Tis yourself is the hypocrite, Father.

BRIAN: Agus cad é an rud san?

AN SAGART: Is deacair é seo a rá amach.

BRIAN: Ní minic a bhíonn an fhadhb san agatsa.

AN SAGART: Is deacair ...

BRIAN: Abair amach é!

AN SAGART: Tá rud éigin curtha ... deir sí gur thruailligh tú í.

BRIAN: Go tigh an diabhail léi!

AN SAGART: A Bhriain!

BRIAN: Agus chreid tú í?

AN SAGART: An séanann tú é?

BRIAN: Bhí cúraimí uirthi – níl mé á shéanadh san. Réitigh sí béilí agus a leithéid. Ach tá sé ar intinn agam íoc as an obair a dhein sí.

AN SAGART: Á! Tá sé ar intinn agat íoc aisti!

BRIAN: Abair amach go díreach an méid atá ar d'intinn agat.

AN SAGART: Deir an ógbhean so gur thruailligh tú í agus sibh sa teach san in bhur n-aonar le chéile.

BRIAN: Agus tá tusa ag glacadh a focalsa thar mo cheannsa?

AN SAGART: Ní cheadóinn a leithéid. Le bheith macánta, mhol mé do Thadhg gan ligean di fanacht ann.

BRIAN: Tú ag cur do ladar i meadar gan suaitheadh mar is gnách leat.

AN SAGART: D'fhostaigh tú í. Agus ansan thug tú an bóthar di.

BRIAN: Nuair a bhí mé réidh léi.

AN SAGART: Sea, sin é go díreach é: nuair a bhí tú réidh léi.

BRIAN: Go tigh an diabhail leatsa leis!

AN SAGART: Tú féin a bheas ag dul ann.

BRIAN: Tusa an fimíneach, a Athair.

THE PRIEST: Why can't you show her a little kindness and marry the wench?

BRIAN: I don't want a wench.

THE PRIEST: That's not what I hear.

BRIAN: Why don't you marry her yourself?

THE PRIEST: You know well I can't do that. I've a vocation. Rules that forbid that class of thing. Not to mention the question of the child.

BRIAN: What child?

THE PRIEST: The child Nóra is carrying.

BRIAN: If she's with child, that has nothing to do with me.

THE PRIEST: Isn't that what every man says!

BRIAN: What about yourself, Father?

THE PRIEST: I've nothing to do with the same child.

BRIAN: Isn't that what every priest says!

Exit BRIAN, furious. THE PRIEST seething, his rash aggravating him. He takes off his collar, sits and rubs his neck. Enter ÚNA, carrying her herbs and ointments.

ÚNA: Getting worse, is it?

THE PRIEST: Stay away from me.

ÚNA: Dáithí, you're in trouble. Let me help you.

THE PRIEST: I don't want your help.

ÚNA: I've just the thing for you.

THE PRIEST: Why is it no one will listen to me?

ÚNA: Doesn't everyone in the parish be listening to you?

ÚNA takes out an ointment.

THE PRIEST: Perhaps they be listening but they don't pay a blind bit of heed to what I be saying.

ÚNA: What is it you be saying?

AN SAGART: Cad 'na thaobh nach féidir leat a bheith cineálta agus an bhonsach a phósadh.

BRIAN: Níl bonsach uaim.

AN SAGART: Ní hin a chloisim.

BRIAN: Cad 'na thaobh nach bpósann tú féin í?

AN SAGART: Is maith is eol duit nach féidir liomsa é sin a dhéanamh. Tá gairm agam. Rialacha a choscann a leithéid. Gan trácht ar cheist an linbh.

BRIAN: Cén leanbh?

AN SAGART: An leanbh atá ar iompar ag Nóra.

BRIAN: Má tá leanbh ar iompar aici, níl baint ar bith aige sin liomsa.

AN SAGART: Nach in a deir gach aon fhear!

BRIAN: Cad fút féin, a Athair?

AN SAGART: Níl baint ar bith agamsa leis an leanbh céanna.

BRIAN: Nach in a deir gach aon sagart!

Amach le BRIAN, fearg air. AN SAGART ar buile, a rais ag cur as dó. Baineann sé a bhóna de, suíonn agus cuimlíonn a mhuineál. Isteach le hÚNA, a luibheanna agua a hungthaí ar iompar aici.

ÚNA: Ag dul in olcas atá sí?

AN SAGART: Fan amach uaim.

ÚNA: A Dháithí, tá tú i bponc. Lig dom cabhrú leat.

AN SAGART: Níl do chabhair uaim.

ÚNA: Tá díreach an rud agam duit.

AN SAGART: Cad 'na thaobh nach n-éisteoidh éinne liom?

ÚNA: Nach mbíonn gach éinne sa pharóiste ag éisteacht leat?

Tógann ÚNA ungadh amach.

AN SAGART: B'fhéidir go n-éisteann, ach diabhal aird a thugann siad ar a mbíonn le rá agam.

ÚNA: Cad é féin a bhíonn le rá agat?

THE PRIEST: 'Tis well you know what it is.

ÚNA: Tell me.

ÚNA puts him sitting, opens the buttons of his shirt and massages his neck and back with ointment.

THE PRIEST: And they all insulting me every day of the week.

ÚNA: Many of them insulting me too.

THE PRIEST: And that Nóra Nic Mhathúna!

ÚNA: Another of my patients.

THE PRIEST: They have a better understanding of what you be doing.

ÚNA: Because there be results from me labour.

THE PRIEST: And that Páid Ó Gruagáin!

ÚNA: Perhaps those two problems can be resolved.

THE PRIEST: Where do you think I picked up this dreadful thing?

ÚNA: Moorland midges are what caused it.

THE PRIEST: Moorland midges?

ÚNA: They usually pick the tastiest people to eat. There's a great swarm of them about this year. And they very hungry, indeed.

THE PRIEST: Resolved, how?

ÚNA: Ara, musha, through one of your blessed sacraments.

THE PRIEST: You don't mean …

ÚNA: It seems to me that two of your parishioners are giving you bother. Why not make a match between them and kill two birds with the one stone?

THE PRIEST: The tastiest people?

ÚNA: The blessed oil be the cause of it.

THE PRIEST: That oil never harmed anyone, ever.

AN SAGART: Is maith is eol duit cad é féin.

ÚNA: Inis dom é.

Cuireann ÚNA ina shuí é; osclaíonn sí cnaipí a léine agus cuimlíonn sí ungadh dá mhuineál agus dá dhroim.

AN SAGART: Agus iad go léir do mo mhaslú gach lá den tseachtain.

ÚNA: Go leor acu do mo mhaslúsa freisin.

AN SAGART: An Nóra Nic Mhathúna san!

ÚNA: Othar eile liom.

AN SAGART: Tá tuiscint níos fearr acu ar a mbíonn idir lámha agatsa.

ÚNA: Mar go mbíonn torthaí ar mo chuid oibre.

AN SAGART: Agus an Páid Ó Gruagáin sin!

ÚNA: B'fhéidir gur féidir an dá fhadhb a réiteach.

AN SAGART: Cad ba chúis leis an diabhal rud so, dar leat?

ÚNA: Cuileanna na móna is cúis leis.

AN SAGART: Cuileanna na móna?

ÚNA: Is gnách leo na daoine is blasta a roghnú le n-ithe. Tá púir mhór díobh abhus i mbliana. Agus an-ocras go deo orthu.

AN SAGART: An dá fhadhb a réiteach – conas?

ÚNA: Dhera, muise, trí cheann ded' shacraimintí naofa.

AN SAGART: Níl sé i gceist agat …

ÚNA: Is cosúil go bhfuil beirt ded' pharóistigh ag cur as duit. Cad 'na thaobh nach ndeinann tú cleamhnas eatarthu agus an dá chúram a dhéanamh in éineacht?

AN SAGART: Na daoine is blasta?

ÚNA: An ola choisrictthe sin is cúis leis.

AN SAGART: Ní dhearna an ola san dochar d'aon duine ariamh.

ÚNA: 'Tis the sweet smell from it. Not forgetting that fine soap the priests do have for washing themselves. Such perfume!

THE PRIEST: Úna, they do have far more respect for you than for me.

ÚNA: Is it the midges you mean?

THE PRIEST: Don't be making fun of me. The people of the parish.

ÚNA: Dáithí, hold still, dear.

THE PRIEST submits to the massage.

THE PRIEST: There are results to be seen on my work too.

ÚNA: Believe that if you want to.

THE PRIEST: I must believe it.

ÚNA: Ara, musha, you must.

THE PRIEST: If I'm to continue as I've been up until now.

ÚNA: Rub your neck with this ointment before going to sleep. And again when you get up in the morning and that rotten rash will have cleared by Sunday.

THE PRIEST: Won't you return to mass?

ÚNA: I'm not a hypocrite.

THE PRIEST: When the most powerful woman in the parish isn't to be seen at mass, you set a bad example for the other women. What if Nóra were to follow suit?

ÚNA: Nóra has other matters on her mind.

THE PRIEST: Matters that must be resolved.

ÚNA: Then resolve them!

She closes his buttons and fixes his shirt.

ÚNA: Do you accept that this rash will have cleared by Sunday?

THE PRIEST: I have no choice but to.

ÚNA: Do you accept that I can cure you?

ÚNA: An boladh milis sin uaithi. Gan dearmad a dhéanamh ar an ngalúnach galánta san a bhíonn ag na sagairt len iad féin a ní. A leithéid de chumhra!

AN SAGART: A Úna, bíonn i bhfad níos mó measa acu ortsa ná ormsa.

ÚNA: Na cuileanna atá i gceist agat?

AN SAGART: Ná bí ag magadh fúm. Muintir an pharóiste.

ÚNA: A Dháithí, fan ciúin, a chroí.

Géilleann AN SAGART don chuimilt.

AN SAGART: Bíonn torthaí ag baint le mo chuid oibre féin.

ÚNA: Creid é sin más mian leat é.

AN SAGART: Ní mór dom é a chreidiúint.

ÚNA: Dhera, muise, ní mór duit.

AN SAGART: Má tá mé chun leanúint ar aghaidh faoi mar a bhí go dtí seo.

ÚNA: Cuimil an t-ungadh so de do mhuineál roimh dhul a chodladh duit. Agus arís ar éirí duit ar maidin agus beidh an drochrais san imithe faoin Domhnach.

AN SAGART: Nach bhfillfidh tú ar an aifreann?

ÚNA: Ní fimíneach mé.

AN SAGART: Nuair nach mbíonn an bhean is cumhachtaí sa pharóiste le feiceáil ar an aifreann, tugann tú drochshampla dos na mná eile. Dá leanfadh Nóra do dhrochshampla?

ÚNA: Tá fadhbanna eile ag cur as do Nóra.

AN SAGART: Fadhbanna gur gá a réiteach.

ÚNA: Réitigh iad, mar sin!

Dúnann sí na cnaipí arís agus réitíonn a léine.

ÚNA: An nglacann tú leis go mbeidh an rais seo imithe faoin Domhnach?

AN SAGART: Níl an dara rogha agam.

ÚNA: An nglacann tú leis gur féidir liom tú a leigheas?

THE PRIEST: I must accept it.

ÚNA: You must accept it willingly. You have work to do: I have work to do. I accept that there is place for both types of work in this district. But you always be insulting what I be doing.

THE PRIEST: And you be insulting what I be doing.

ÚNA: I would be willing to accept it up to a point ...

THE PRIEST: Were I to accept your work ...

ÚNA: Yourself that said it.

THE PRIEST fixes his clothes.

THE PRIEST: We'll see what happens.

ÚNA: We will!

Exit THE PRIEST.

ÚNA: Goodbye, Dáithí. *(Imitating him).* Thank you, Úna.

Blackout. Exit ÚNA.

AN SAGART: Ní foláir dom glacadh leis.

ÚNA: Ní foláir duit glacadh leis go toilteanach. Bíonn obair idir lámha agatsa: bíonn obair idir lámha agamsa. Glacaim go bhfuil áit don dá shaghas oibre sa cheantar so. Ach bíonn tú i gcónaí ag maslú a mbíonn ar siúl agam.

AN SAGART: Agus tusa ag maslú a mbíonn ar siúl agamsa.

ÚNA: Bheinnse toilteanach glacadh leis suas go pointe áirithe ...

AN SAGART: Dá nglacfainn le do chuidse ...

ÚNA: Tú féin a dúirt é.

Réitíonn AN SAGART a chuid éadaigh.

AN SAGART: Feicfimid cad a tharlóidh.

ÚNA: Feicfidh!

Amach leis AN SAGART.

ÚNA: Slán, a Dháithí. *(Ag déanamh aithris air).* Go raibh maith agat, a Úna.

Múchtar na soilse. Amach le hÚNA.

SCENE FIVE

By the Lake

Night

Lights up on BRIAN and TADHG who have just crossed the lake. TADHG helps BRIAN out of the boat. BRIAN is drunk.

TADHG: Will I see you tomorrow?

BRIAN: Tomorrow? Why wait till tomorrow? Come home with me now.

TADHG: I have work to do.

BRIAN: This time of night?

TADHG: The work of the boatman never ends.

BRIAN: Come on home with me. We'll only have the one little dropeen.

TADHG: Well, I'll walk as far as the house with you, but divil the drop I'll drink.

TADHG helps BRIAN to walk.

BRIAN: You're the best friend I have, Tadhg. The only friend I have.

TADHG: I wouldn't say that.

BRIAN: The people of this parish ...

TADHG: What about them?

BRIAN: Don't they be jealous of you?

TADHG: They be depending on me. To go back and forth.

BRIAN: They be depending on me too. To tutor their children.

TADHG: You'll be returning to the school soon, then?

BRIAN: When I have recovered.

RADHARC A CÚIG

Cois Locha

Oíche

Ardaítear na soilse ar BHRIAN agus ar THADHG, iad tar éis an loch a thrasnú. Cabhraíonn TADHG le BRIAN éirí aníos as an mbád. BRIAN ar meisce.

TADHG: 'Bhfeicfidh mé amárach thú?

BRIAN: Amárach? Cad 'na thaobh go bhfanfaimis go maidin. Tar abhaile liom anois.

TADHG: Tá obair le déanamh agam.

BRIAN: An tráth so den oíche?

TADHG: Ní thagann deireadh le hobair an bhádóra ariamh.

BRIAN: Tar abhaile in éineacht liom. Ní bheidh againn ach deoir bheag amháin.

TADHG: Bhuel, siúlfaidh mé chomh fada leis an teach in éineacht leat ach deoir ní ólfaidh mé.

Cabhraíonn TADHG le BRIAN siúl.

BRIAN: Is tú an cara is fearr atá agam, a Thaidhg. An t-aon chara atá agam.

TADHG: Ní déarfainn é sin.

BRIAN: Muintir an cheantair seo ...

TADHG: Cad fúthu?

BRIAN: Nach mbíonn siad in éad leatsa?

TADHG: Bíonn siad ag brath orm. Chun dul anonn is anall.

BRIAN: Bíonn siad ag brath ormsa freisin. Chun na páistí a theagasc.

TADHG: Beidh tú ag filleadh ar an scoil go luath, mar sin?

BRIAN: Nuair a thiocfas biseach orm.

TADHG: If you abstained from the drink ...

BRIAN: Abstain? Musha, I wouldn't be able to survive at all.

TADHG: You won't be able to survive if you continue like this.

They sit in front of Brian's house and BRIAN *drinks from a flagon.*

BRIAN: 'Tis a grand life, surely, the life of the boatman.

TADHG: 'Tis a hard enough life. But I do take an interest in me work.

BRIAN: You have an answer to every question. Do you know what, Tadhg, it should be you tutoring the children of this district.

BRIAN *offers the flagon to* TADHG *who refuses it.*

BRIAN: Though I've known you a long time, I have never seen a drop pass your lips.

TADHG: I would love the life of the tutor, was I educated for it.

BRIAN: Divil the use in education if it leaves you like this.

TADHG: Was I to be educated, like you are, I'd give thanks every day of me life.

BRIAN: That's what we all think: we hunger for that which we cannot have.

TADHG: And I have an answer for every question! Listen to the man who's doing the talking: maybe I have the answers, but you can twist every question to take the wrong meaning from it.

BRIAN: There's the benefit of education for you!

TADHG: Brian, you're the most intelligent man in this part of the country. And the most capable. Look at the amount you have achieved: you have educated the next generation; you have provided the best music for every wedding and gathering; you've tried farming and you won prizes for it; I hear you're writing as well.

TADHG: Dá staonfá ón deoch ...

BRIAN: Dá staonfainn? Muise, ní bheinn in ann maireachtáil in aon chor.

TADHG: Ní bheidh tú in ann maireachtáil má leanann tú ort mar so.

Suíonn siad os comhair theach Bhriain agus ólann BRIAN as flagún.

BRIAN: Nach aoibhinn beatha an bhádóra, mar sin féin?

TADHG: Saol crua go maith atá ann. Ach cuirim suim im' chuid oibre.

BRIAN: Bíonn freagra agatsa ar gach ceist. An bhfuil a fhios agat, a Thaidhg, ba chóir duitse páistí an cheantair a theagasc.

Tairgeann BRIAN an flagún do THADHG. Diúltaíonn seisean glacadh leis.

BRIAN: Cé go bhfuil aithne againn ar a chéile leis na blianta anuas, deoir ní fhacas riamh á scaoileadh thar do bheola.

TADHG: Ba bhreá liom saol an mhúinteora, dá mbeinn oilte chuige.

BRIAN: Diabhal maitheas atá san oiliúint, más mar so a fhágann sé tú.

TADHG: Dá mbeinnse féin oilte, faoi mar atá tusa, ghabhfainn buíochas as an oiliúint sin gach lá dem' shaol.

BRIAN: 'Sé sin a cheapaimid go léir: is fada uainn an ní nach bhfuil againn.

TADHG: Agus tá freagra agamsa ar gach ceist! Éist leis an bhfear atá ag caint: b'fhéidir go bhfuil na freagraí agamsa, ach is féidir leatsa gach ceist a chasadh chun an bhrí mhícheart a bhaint aisti.

BRIAN: Sin bua na hoiliúna duit!

TADHG: A Bhriain, is tú an fear is cliste sa taobh so tíre. An fear is cumasaí. Breathnaigh an méid atá curtha i gcrích agat: tá an chéad ghlúin eile oilte agat; tá ceol den scoth curtha ar fáil agat do gach bainis agus gach cóisir; thriail tú an fheirmeoireacht agus bhain tú duaiseanna; cloisim go mbíonn tú ag scríobh leat leis.

BRIAN: Rumours!

TADHG: They're not rumours.

BRIAN: Were you ever married?

TADHG: I was not.

TADHG tries to escape but BRIAN follows him out to the plain.

BRIAN: Tadhg, tell me one thing, how did you manage to avoid the women?

TADHG: I've not managed to avoid them.

BRIAN: 'Twas you brought that Nóra into my house.

TADHG: You were ill.

BRIAN: Look at the mess you've made now!

TADHG: Would you prefer it had I left you there dying?

BRIAN: *(Pause).* You've never managed to avoid the women?

TADHG: 'Tis well you know I have a woman.

BRIAN: Why didn't you marry her?

TADHG: She didn't want me to marry her.

BRIAN: An exceptional woman, by all accounts.

TADHG: Yourself that said it.

BRIAN: Why can't all women be like her?

TADHG: Why not, surely?

BRIAN: Tadhg, what'll I do about this little problem?

BRIAN continues to drink, becoming more intoxicated.

TADHG: You must avoid this, first off.

BRIAN: If I did?

TADHG: You could resume the teaching.

BRIAN: Ráflaí!

TADHG: Ní ráflaí iad.

BRIAN: 'Raibh tusa pósta ariamh?

TADHG: Ní raibh.

Déanann TADHG iarracht éalú ach leanann BRIAN amach ar an machaire é.

BRIAN: A Thaidhg, inis rud amháin dom: conas ar éirigh leat na mná a sheachaint?

TADHG: Níor éirigh liom iad a sheachaint.

BRIAN: Tusa a thug an Nóra san isteach i mo theachsa.

TADHG: Bhí tú breoite.

BRIAN: Féach ar an bpraiseach atá déanta agat anois.

TADHG: Arbh fhearr leat dá bhfágfainn ansan tú agus tú ag fáil bháis?

BRIAN: *(Sos).* Níor éirigh leat na mná a sheachaint?

TADHG: Tá a fhios agat go maith go bhfuil bean agam.

BRIAN: Cén fáth nár phós tú í?

TADHG: Níor theastaigh uaithi go bpósfainn í.

BRIAN: Bean inti féin í, de réir dealraimh.

TADHG: Tú féin a dúirt é.

BRIAN: Cad 'na thaobh nach féidir leis na mná go léir a bheith cosúil léi?

TADHG: Cad 'na thaobh, go deimhin?

BRIAN: A Thaidhg, cad a dhéanfas mé faoin bhfaidhbín bheag so?

Leanann BRIAN air ag ól, é ag dul in olcas an t-am ar fad.

TADHG: Ní mór duit staonadh uaidh seo ar an gcéad dul síos.

BRIAN: Agus dá staonfainn?

TADHG: D'fhéadfá filleadh ar an teagasc.

BRIAN: I want a woman and I don't. If you take my meaning.

TADHG: Yes, Brian.

BRIAN: But that Nóra, what will I do about her? She be spreading rumours about me.

TADHG: Don't pay her a blind bit of heed.

BRIAN: 'Tis you that's responsible for all this.

TADHG: 'Tis me, surely, you had no part in it yourself.

BRIAN: I had not.

BRIAN falls asleep. TADHG throws his coat over him and makes him comfortable. Exit TADHG. Lights are dimmed.

BRIAN: Tá bean uaim agus níl bean uaim. Má thuigeann tú leat mé.

TADHG: Sea, a Bhriain.

BRIAN: Ach an Nóra san, cad a dhéanfaidh mé léi? Tá ráflaí á gcur thart aici.

TADHG: Ná tabhair aird ar bith uirthi.

BRIAN: Tusa is cúis leis seo go léir.

TADHG: Go deimhin, ní raibh baint ar bith agat féin leis.

BRIAN: Ní raibh.

Titeann BRIAN ina chodladh. Caitheann TADHG a chóta thairis agus déanann compordach é. Amach le TADHG. Íslítear na soilse.

SCENE SIX

The Plain

Night

BRIAN stretched in a deep sleep. The light of the moon shining on him. Voices are heard; a lantern is seen approaching. THE TOWNSPEOPLE are crowding onto the stage. BRIAN tossing and turning. He wakes and sees them. It is a nightmare, of course, accentuated by the lights and the absurd movements of the actors.

NÓRA: Look at him there beyond!

The crowd moves towards BRIAN and stands around him.

ÚNA: Wake up! Stir yourself, you dozing degenerate!

BRIAN retreats from her.

NÓRA: That's him there now, the man who promised me everything: warmth and cover, cows to milk and a bed of down.

ÚNA: The deceiver!

NÓRA: The same Brian!

ÚNA: Grab hold of him.

NÓRA: The sinner! Without a woman and time he was married. The flower of youth deserting him! His hair turning grey!

BRIAN tries to escape. THE TOWNSPEOPLE grab hold of him.

NÓRA: Why won't you show me love?

ÚNA: I'll answer that question for you: because he's an unnatural creature.

NÓRA struts up and down, saucily.

NÓRA: And I so slender, so fine.

RADHARC A SÉ

An Machaire

Oíche

BRIAN sínte, tromchodladh air. Solas na gealaí ag lonrú anuas air. Cloistear glórtha; feictear laindéar ag teacht ina threo. MUINTIR AN BHAILE ag plódú isteach ar an stáitse. BRIAN ag únfairt. Dúisíonn sé agus feiceann sé iad. Tromluí atá ann, ar ndóigh, a chruthaítear trí na soilse agus gluaiseachtaí áiféiseacha na n-aisteoirí.

NÓRA: Féach ansan thall é!

Druideann an slua in aice le BRIAN agus seasann thart air.

ÚNA: Dúisigh! Corraigh tú féin, a chodlatáin ghránna!

Cúlaíonn BRIAN uaithi.

NÓRA: Sin anois é an fear a gheall gach aon ní dom: teas is clúdach, ba le crú agus leaba chlúimh.

ÚNA: An feallaire!

NÓRA: An Brian céanna!

ÚNA: Beirigí air.

NÓRA: An peacach! É gan bhean agus é in aois a phósta. Bláth na hóige á thréigean! A chuid gruaige ag liathadh!

Déanann BRIAN iarracht éalú. Beireann MUINTIR AN BHAILE air.

NÓRA: Cad 'na thaobh nach dtabharfá grá dom?

ÚNA: Tabharfaidh mise freagra ar an gceist sin duit: mar gur mínádurtha an créatúr é.

Siúlann NÓRA suas síos go giodalach.

NÓRA: Agus mé chomh leabhair, chomh breá so.

ÚNA: Shame on you and all these women around you: young fillies and strapping lassies.

NÓRA: Look at me: haven't I a fine mouth, neck and laugh? 'Tisn't often you see a cheek like this, it without blemish or mark.

ÚNA: 'Tisn't often, surely. (*Pause*). Oh, pretty maidens, tie his hands and his feet.

NÓRA: He that does be playing, and eating and drinking among the nobles.

THE TOWNSPEOPLE tie up his hands and feet.

NÓRA: Look at my waist and my strong limbs. And, whisper, under my dress the finest jewel.

ÚNA: Strip off his coat and his shirt. Good enough for him who conceals his weapon.

THE TOWNSPEOPLE do as they are told.

ÚNA: Whip his back with a cord. He who wastes the vigour of his member.

NÓRA: Hand me that.

NÓRA takes the whip from ÚNA.

ÚNA: Nóra, love, be sure to deliver good even pains to our Brian's arseen.

NÓRA does as she is told.

NÓRA: I've been a long time waiting to comb your back.

ÚNA: 'Twas often you were warned, you.

NÓRA: A word of mercy you don't deserve, you thick idiot.

ÚNA: Where are the maidens who are grateful for your actions?

NÓRA: You who has the respect of the country's great!

BRIAN collapses. Thunder and lightning. Darkness. Exeunt everyone except BRIAN who's left thrown on the floor without shirt or coat.

ÚNA: Mo náire thú agus na mná uile seo thart ort: borracaigh óga is bonsacha brothallacha.

NÓRA: Féach orm: nach deas mo bhéal, mo dhéad, mo gháire! Ní minic a fheictear gnúis mar so, í gan smúit ná marc!

ÚNA: Go deimhin ní minic. (*Sos*). A ghearrchailí gleoite, ceanglaígí a lámha agus a chosa.

NÓRA: Eisean a bhíonn ag seinm, is ag ithe is ag ól os comhair na n-uaisle.

Déanann MUINTIR AN BHAILE a lámha agus a chosa a cheangal.

NÓRA: Féach mo choim is mo ghéaga láidre. Agus, cogar, thíos faoi mo ghúna an tseoid is saibhre.

ÚNA: Bainigí a chóta is a léine de. Eiseann a cheileann a thairne tairpeach.

Déanann MUINTIR AN BHAILE amhlaidh.

ÚNA: Feannaigí a dhroim le corda. Eisean a chuireann amú brí a ghéige.

NÓRA: Tabhair domsa é sin.

Baineann NÓRA an téad d'ÚNA.

ÚNA: A Nóra, a stór, bí cinnte na pianta a thomhas go dian ar thóinín Bhriain s'againne.

Déanann NÓRA amhlaidh.

NÓRA: Is fada mé ag súil le do chúlsa a chíoradh.

ÚNA: Is minic a tugadh foláireamh duitse.

NÓRA: Focal trócaire níl tuillte agat, a liúdramáin leamh.

ÚNA: Cá bhfuil na béithe atá buíoch díot as do ghníomhartha?

NÓRA: Agus meas ag uaisle na tíre ort!

Titeann BRIAN i laige. Tintreach, toirneach. Dorchadas. Amach le gach éinne seachas BRIAN a fhágtar caite ar an talamh, gan léine, gan chóta.

Scene Seven

By the Lake

Morning

Brian wakes by degrees, half-naked, with a throbbing headache. He examines himself and, ashamed, grabs his clothes and starts to get dressed. Enter Éabha.

Éabha: What's befallen you?

Brian: I've no idea.

Éabha: For a moment I was thinking the fever had taken hold of you again.

Brian: I was on my way home. With Tadhg. We were in the boat.

Éabha: This early in the day?

Brian: Where is everyone?

Éabha: At home, sleeping soundly, I'd imagine.

Brian: You didn't meet anyone on your way here?

Éabha: I did not.

Brian: It must have been a nightmare, so.

Éabha: Anyhow, I'm glad to see you.

Brian: And I you. *(Pause).* Have you given that matter – the one that we discussed – any thought?

Éabha: The matter we discussed the other day?

Brian: Don't tell me: I already know your answer.

Éabha: I'll be gone by night.

Brian: Éabha!

Éabha: Although I'm somewhat nervous about it, at the same time I'm looking forward to it.

Brian: France?

Radharc a Seacht

Cois Locha

Maidin

De réir a chéile dúisíonn Brian, *pian ina cheann agus é leathnocht. Scrúdaíonn sé é féin; beireann ar a chuid éadaigh agus tosaíonn á ghléasadh féin, náire air. Isteach le hÉabha.*

Éabha: Cad tá tar éis tarlú duit?

Brian: Níl tuairim dá laghad agam.

Éabha: Ar feadh nóiméid bhíos ag ceapadh go raibh an fiabhras tar éis greim a bhreith ort arís.

Brian: Bhí mé ar mo bhealach abhaile. In éineacht le Tadhg. Bhíomar sa bhád.

Éabha: Chomh luath so ar maidin?

Brian: Cá bhfuil gach éinne?

Éabha: Sa bhaile, ina gcodladh go sámh, déarfainn.

Brian: Níor casadh éinne ort ar do bhealach anso?

Éabha: Níor casadh.

Brian: Tromlúi a bhí ann, is cosúil.

Éabha: Ar aon nós, is deas tú a fheiceáil.

Brian: Agus tusa. *(Sos).* An ndearna tá machnamh ar an ábhar san a bhí á phlé againn?

Éabha: An t-ábhar a bhí á phlé againn an lá cheana?

Brian: Ná habair liom é: tá do fhreagra ar eolas agam cheana féin.

Éabha: Beidh mé imithe faoi oíche.

Brian: A Éabha!

Éabha: Cé go bhfuilim beagáinín neirbhíseach ina thaobh, tá mé ag súil go mór leis ag an am céanna.

Brian: An Fhrainc?

ÉABHA: Isn't that what I already told you?

BRIAN: Do you think life will be different beyond? Won't you have to discharge the same duties?

ÉABHA: Probably.

BRIAN: You don't have to go, Éabha. Maybe I've been too shy up until now, maybe I didn't have the courage to say it out.

ÉABHA: Oh, but you had!

BRIAN: To no avail.

ÉABHA: Throughout my life I've been occupied with one duty or another. With what is right and fitting.

BRIAN: With me there'd be an end to all that.

ÉABHA: You don't understand what it is I'm saying.

BRIAN: I well understand.

ÉABHA: Brian, what I want is my own life.

BRIAN: We could make our own life.

ÉABHA: My own life.

BRIAN: If you go to France in the company of that man, and of your son, is it that you think your life will be better beyond than it is here?

ÉABHA: I must find that out. At least the neighbourhood will be different. The company will be different.

BRIAN: You'll be among those writers, those philosophers, but what good is there in that philosophy?

ÉABHA: Yourself that said it.

BRIAN: Éabha, I'm begging you.

ÉABHA: You yourself could improve your own life. You don't have to continue like this.

BRIAN: I couldn't continue like this.

BRIAN kisses her.

ÉABHA: Nach in a dúirt mé leat?

BRIAN: An gceapann tú go mbeidh an saol difriúil thall? Nach mbeidh ort na dualgais chéanna a chomhlíonadh ann?

ÉABHA: Is dócha go mbeidh.

BRIAN: Ní gá duit imeacht, a Éabha. B'fhéidir go raibh mé róchúthail roimhe seo, b'fhéidir nach raibh sé de mhisneach agam é a rá amach.

ÉABHA: Ach, do bhí.

BRIAN: In aisce.

ÉABHA: Ar feadh mo shaoil bhí mé gafa le dualgas amháin nó le dualgas eile. Le cad is ceart is cóir.

BRIAN: Liomsa, bheadh deireadh leis sin ar fad.

ÉABHA: Ní thuigeann tú cad tá á rá agam.

BRIAN: Is maith a thuigim é.

ÉABHA: A Bhriain, an rud atá uaim ná mo shaol féin.

BRIAN: D'fhéadfaimis ár saol féin a chruthú.

ÉABHA: Mo shaol féin.

BRIAN: Má théann tú chun na Fraince in éineacht leis an bhfear san agus le do mhac, an amhlaidh a cheapann tú go mbeidh an saol níos fearr agat thall ná mar atá sé agat anso?

ÉABHA: Ní foláir dom é sin a fháil amach. Ar a laghad beidh an chomharsanacht difriúil. Beidh an comhluadar difriúil.

BRIAN: Beidh tú i measc na scríbhneoirí sin, na fealsúna san, ach cén mhaitheas atá san fhealsúnacht san?

ÉABHA: Tú féin a dúirt é.

BRIAN: A Éabha, impím ort.

ÉABHA: Féadfaidh tú féin an saol s'agatsa a fheabhsú. Ní gá leanúint ar aghaidh mar so.

BRIAN: Ní fhéadfainn leanúint ar aghaidh mar so.

Pógann BRIAN í.

ÉABHA: 'Tis up to yourself to change things.

BRIAN: I couldn't, without you.

ÉABHA: You could, my dear.

ÉABHA kisses him.

ÉABHA: 'Tis up to yourself.

BRIAN: Éabha!

ÉABHA: Think of my need and how urgent 'tis that I attend to it.

Exit ÉABHA.

ÉABHA: Fút féin atá sé cúrsaí a athrú.

BRIAN: Ní fhéadfainn tabhairt faoi, gan tú.

ÉABHA: D'fhéadfá, a chroí.

Pógann ÉABHA é.

ÉABHA: Fút féin atá sé.

BRIAN: A Éabha!

ÉABHA: Cuimhnigh ar mo riachtanas agus ar cé chomh práinneach is atá sé é a chomhlíonadh.

Amach le hÉABHA.

Scene Eight

The Plain

Noon

Lights are brought up as though the sun were shining. BRIAN on his way home, broken-hearted. Enter THE TOWNSPEOPLE, making for him. He retreats from them but, by degrees, he realises that they are celebrating a wedding: NÓRA and PÁID have been married (she scowling, he as happy as can be). THE PRIEST'S rash has cleared and he looks calm and relaxed.

THE PRIEST: Let us give thanks for this beautiful day. And for the food and drink that have been laid before us on the occasion of the wedding of Páid and Nóra. I wish all good fortune on the pair of ye, and on the children that will be born to ye and on the progeny of their progeny! *In nomine Patris, et Filii, et Spiritus Sancti. Amen.*

NÓRA and PÁID bow before BRIAN. Everyone claps. They begin to dance and to revel. BRIAN takes hold of his fiddle. In the distance he sees ÉABHA walking, ghostlike through the crowd. After some time the crowd disperses. As they are leaving NÓRA stares at him. Lights are dimmed until there is one spot on BRIAN. He comes forward.

BRIAN: Standing alone was a comely maiden;
sweet, wet-mouthed, pleasing, yet wan,
lively, beguiling, with a long fair mane,
she was placed before the dock of the court.

Her hair cascaded about her in tresses,
there was a troubled, tormented look in her eye.

Spot is extinguished as the lines draw to a close.

END

Radharc a hOcht

An Machaire

Nóin

Ardaítear na soilse mar a bheadh an ghrian ag lonrú anuas. BRIAN ar a bhealach abhaile, é croíbhriste. Isteach le MUINTIR AN BHAILE, iad ag déanamh air. Cúlaíonn sé uathu ach, de réir a chéile, tuigtear dó go bhfuil bainis á ceiliúradh acu: tá NÓRA agus PÁID tar éis pósadh (strainc uirthise, eisean go sona sásta). Tá leigheas ar rais AN TSAGAIRT agus é ar a sháimhín.

AN SAGART: Gabhaimid buíochas as an lá aoibhinn seo. Agus as an mbia agus an deoch a leagadh os ár gcomhair ar ócáid bhainise Pháid agus Nóra. Guím gach rath ar an mbeirt agaibh, agus ar na leanaí a shaolófar daoibh agus ar shliocht a sleachta! *In nomine Patris, et Filii, et Spiritus Sancti. Amen.*

Claonann NÓRA agus PÁID a gcinn i dtreo Bhriain. Bualadh bos ó gach éinne. Tosaíonn siad ag rince is ag ragairne. Glacann BRIAN seilbh ar an bhfidil. I gcéin uaidh feiceann sé ÉABHA ag gluaiseacht go síofrúil tríd an slua. Amach léi. De réir a chéile scaipeann an slua. Agus iad ag imeacht, stánann NÓRA sna súile air. Íslítear na soilse go mbíonn spotsolas ar BHRIAN. Tagann sé chun tosaigh.

BRIAN: Do chonaic mé spéirbhean mhaorga mhallrosc
Mhilis bhog bhéaltais mhéarlag mhealltach
Thaitneamhach tháclach shásta fhionn
Ina seasamh in airde ar chlár na mionn.

Bhí a gruaig léi scaoilte síos ina slaoda
Agus buaireamh suite fíor ina féachaint.

Agus na línte ag druidim chun deiridh múchtar an spotsolas.

DEIREADH

About the Author

Celia de Fréine is a poet, playwright, screenwriter and librettist who writes in Irish and English. She has published five collections of poetry: *Faoi Chabáistí is Ríonacha* (2001) and *Fiacha Fola* (2004) from Cló Iar-Chonnachta, *Scarecrows at Newtownards* (Scotus Press, 2005), *imram ¦ odyssey* (2010) and *Aibitír Aoise ¦ Alphabet of an Age* (2011) from Arlen House. Her poetry has won many awards including the Patrick Kavanagh Award (1994) and Gradam Litríochta Chló Iar-Chonnachta (2004). She has four times won Duais an Oireachtais for best full-length play. Arlen House published three of these plays in *Mná Dána* (2009). In the same year the Abbey Theatre presented a rehearsed reading of her play *Casadh* which it had commissioned. The short films *Lorg, Seal* and *Cluiche,* inspired by her poems, have been shown in festivals in Ireland and the US. In association with Biju Viswanath, she wrote the film *Marathon* which won best screenplay award at the New York International Film Festival in 2009. Also in 2009 *Living Opera,* in association with *Opera Ireland,* presented a showcase performance of the opera *The Earl of Kildare,* composed by Fergus Johnston, for which she wrote the *libretto.*

Further information: www.celiadefreine.com

Faoin Údar

Is file, drámadóir, scriptscríbhneoir agus leabhrógaí í Celia de Fréine. Tá cúig leabhar filíochta i gcló aici: *Faoi Chabáistí is Ríonacha* (2001) agus *Fiacha Fola* (2004) ó Chló Iar-Chonnachta, *Scarecrows at Newtownards* (Scotus Press, 2005), *imram : odyssey* (2010) agus *Aibitír Aoise ¦ Alphabet of An Age* (2011) ó Arlen House. I measc na ngradam liteartha atá buaite aici dá cuid filíochta tá Duais Patrick Kavanagh (1994) agus Gradam Litríochta Chló Iar-Chonnachta (2004). Bhain sí Duais an Oireachtais do dhráma ilghníomh ceithre huaire. D'fhoilsigh Arlen House trí cinn de na drámaí seo in *Mná Dána* i 2009. Sa bhliain chéanna chuir Amharclann na Mainistreach i láthair léiriú cleachta den dráma *Casadh* a coimisiúnaíodh uaithi. Taispeánadh na gearrscannáin *Lorg, Seal* agus *Cluiche,* bunaithe ar dhánta léi, i bhféilte in Éirinn agus i Meiriceá i 2007 agus 2008. I gcomhar le Biju Viswanath scríobh sí an scannán *Marathon* a bhain an duais don script is fearr ag Féile Idirnáisiúnta Scannán Nua-Eabhrac i 2009. Sa bhliain 2009 léirigh *Living Opera,* i gcomhar le *Opera Ireland,* taispeántas den cheoldráma *The Earl of Kildare,* cumtha ag Fergus Johnston, ar scríobh sí an leabhróg dó.

Tuilleadh eolais: www.celiadefreine.com

Acknowledgements

Meanmarc won the award for best full-length play at the Oireachtas literary awards in 2010.

Thanks to the Irish language editor, Fidelma Ní Ghallchobhair.

The lines of poetry composed by the character, Brian, in *Desire*, are quoted from, or based on, lines from Brian Merriman's *The Midnight Court*, as translated by the author.

Admhálacha

Bhuaigh *Meanmarc* an gradam do dhráma ilghníomh i gcomórtais liteartha an Oireachtais i 2010.

Buíochas leis an eagarthóir Gaeilge, Fidelma Ní Ghallchobhair.

Tá na línte filíochta, cumtha ag an gcarachtar, Brian, i *Meanmarc*, tógtha as, nó bunaithe ar, línte i g*Cúirt an Mheán Oíche* scríofa ag Brian Merriman.